After Summerhill

夏山学校毕业生

【英】侯赛因·卢卡斯 著
王靓 译

华东师范大学出版社

图书在版编目（CIP）数据

夏山学校毕业生/(美)侯赛因-卢卡斯著；王靓译.—上海：华东师范大学出版社，2013.4
ISBN 978-7-5675-0602-2

Ⅰ.①夏… Ⅱ.①侯… ②王… Ⅲ.①夏山学校—概况 Ⅳ.① G649.561.8

中国版本图书馆CIP数据核字（2013）第079293号

夏山学校毕业生

著　者	侯赛因-卢卡斯
译　者	王　靓
责任编辑	顾晓清
封面设计	崔　楚
出版发行	华东师范大学出版社
社　址	上海市中山北路3663号　邮编　200062
网　址	www.ecnupress.com.cn
电　话	021-60821666
客服电话	021-62865537
邮购电话	021-62869887
网　店	http://hdsdcbs.tmall.com/
印刷者	山东鸿君杰文化发展有限公司
开　本	787×1092　32开
印　张	8.5
字　数	142千字
版　次	2015年6月第1版
印　次	2015年6月第1次
书　号	ISBN 978-7-5675-0602-2/G.6399
定　价	35.00元
出版人	王　焰

（如发现本版图书有印订质量问题，请寄回本社市场部调换或电话021-62865537联系）

Keyi After Summerhill: What Happened to the Pupils of Britain's Most Radical School

By Hussein Lucas

Copyright © Hussein Lucas 2011

Simplified Chinese translation copyright © East China Normal University Press Ltd 2015

All rights reserved.

上海市版权局著作权合同登记　　图字：09-2012-345 号

序言

和柏拉图的理想国、托马斯·莫尔的乌托邦和威廉·莫里斯的乌有之乡一样,夏山学校是一个以小寓大的所在。不同之处在于,夏山学校真实存在,而且已经存在了近一个世纪。2011年这本书出版时,学校已迎来建校90周年纪念。

关于夏山学校的书籍、报道数不胜数,人们难免要问,为什么这样一个小小的地方,会引发这么多争议?奇怪的是,即便那些原本与夏山学校对立的事物已不复存在,夏山学校仍能激起人们的热烈反响。而且,二三十年来,英国教育系统也发生了一些变化,体罚废止了,儿童权利意识总体上提升了。这些变化似乎显示了日渐自由化的趋势。

于是,今天再评价夏山学校时,就面临这个问题:一般的教育似乎已经赶上夏山学校,夏山学校是否因此而变得可有可无?并非如此。1999年,英国教育与就业部在检查夏山学校后,发出整改通知,要求学校做出改进。这些整改一旦施行,将严重损害夏山学校的教育理念和教育实践。所幸夏山学校最终在法庭辩论中艰难地澄清了自己的办学原则,整改通知得以撤销。这个例子表明,相比今天的一般教育,夏山学校仍然十分另类。

我们应该更深入地考察教育体系中的这些变化。虽然受教育者的境况得到了明显改善,但是,人们对世俗的成功的强调、对学习成绩的重视,依然如故。受教育者仍然要接受观点和价值观的灌输,并为此付出沉重的代价,身心受到伤害,社会性的发展被压抑,或者说,人格健全受到损伤。事实上,有证据表明,越来越多的大学生意识到,所谓"学习越努力,证书越多,就越容易找到施展舞台和高薪工作"的生存哲学,不过是一个神话。这种传统观念不但无益于培养享受生活的能力(这是衡量幸福与真正的智慧的重要方面),而且使很多人变得消极、沮丧,以至感到受骗。

我无意否认正规学习的重要性,但通过接触、结识夏山学校毕业生所获得的夏山体验告诉我,夏山学校取得了巨大的成功,而且真正办活了。夏山学校给了学生勇气。夏山学生能够以积极的、创造性的、可持续的方式接触和理解世界,更重要的是,他们具有捕捉真实的敏锐直觉和成熟的社会观念。

夏山学校九十年的独特经验中,最关键、最显著的特征是什么？如果让我回答，我会说，是真正的无所畏惧：不畏惧失败，不畏惧权威，不畏惧排挤，不畏惧生活，哪怕会有挫折，也始终以积极乐观的态度面对生活。

一方面，人们在经济和政治上缺乏保障，另一方面，人们不切实际地渴望生活在一个永远无需负责的零风险环境中。这正是现代社会的特征。而夏山人，因为有一段没有压力的童年，能够以一种超群绝伦的自信，面对坎坷或坦途，面对生活将赐予他的一切。

侯赛因·卢卡斯

出版者序

当侯赛因·卢卡斯告诉我他在写一本关于夏山学校毕业生的书时,我立刻产生了兴趣,原因很多。首先,几年前,我们都接触过另类学校,尽管那时对这类学校都留下了不错的印象,但总觉得好像还缺了点什么。其次,当我还是大学教师时,就质疑过正统教育的很多观念。现在的我恰好又从事出版工作,参与此书似乎就是顺理成章的事了。

我的中小学生涯不堪回首,希望不再有任何人体验这种经历。因此,我持续关注那些主流之外的另类教育。夏山学校自二十世纪二十年代创办时起,就宣扬不强迫学生上课的教育理念。这种激进的理念曾让我震惊不已,假如我的文法学校的教师也这么想,我还能学会什么?带着成见,我开始读侯赛因·卢卡斯的书稿。我很好奇,这样一所另类学校教出的学生会是什么样的?无知的、野蛮的、无法无天的、幼稚的、不通世故的?然而，我忘了文法学校的环境与夏山学校有很大的不同。

当我读到他们的人生故事，看到他们的生活态度，深深触动：他们看起来都平和稳重、体贴周到，最重要的是，诚实。这些印象在我此后与几个夏山学校毕业生交谈时，又得到了进一步加强。他们知道，无论自己赞同与否，其他人的观点是重要的。他们或许持有自由主义或社会主义的价值观，但绝不偏执。

另一个惊人之处是，他们对世界无所畏惧。他们有时也会觉得周遭的人很奇怪，甚至不可理解，但他们敢于面对，进退有度。他们不怕失败，不怕尝试。夏山学校毕业生的人生都很成功，可以说，无畏的态度在多数情况下发挥了积极的作用。

回顾我自己的教育经历，对学生权利的压制、体罚和达尔文式的优胜劣汰机制司空见惯。人们有时或许能够战胜挫折——正如那些不屈不挠的事迹会为人称颂——但是，如今我深信，根植于胁迫和恐惧的教育，为害非浅。

夏山模式的核心是对孩子的尊重。这在当时和今日都是有远见的做法。夏山学校为孩子们创造了一个空间，使他们可以通过学校大会回应同龄人的意见。这里没有成年人的强制，也没有家庭生活的压力，因此，孩子们能够自由地探索"我是谁"。夏山不仅是一所学校，也是一个小社会。夏山学校的孩子们会在假期急切地盼望回到校园，着实不足为奇。

出版者序

　　夏山学校是为了使儿童自然成长而创办的，它立足于这样的信念：人性本质上是善良向上的，如果让个体在自由的环境中成长，他最终会找到自己的人生方向。这个观点至今还受到质疑，而尼尔最伟大的成就，正是执此信念，信任儿童。

　　我敢说，夏山学校的作用还远远未被充分发掘。我相信，像夏山学校这样远离有缺陷的家庭和充斥暴力、道德败坏的社会，从而使孩子们免受那些负面影响的模式，在挽救不良青少年和流浪儿童方面，将大有可为。如果得不到救助，那些孩子的人生很可能走向悲剧。

　　在全国统一课程和官方成绩排名等措施之下，当今的教育已经失却理想，退化成消费主义的又一代表。在这个失落了教育理想的年代，夏山学校成了一盏希望之灯。

　　头脑清醒的人一定同意，评价教育优劣的终极标准是能否帮助个体发掘自己的潜能，使生命最大程度地绽放。换言之，幸福、良好的动机、自我满足和成就感才是最重要的指标。

约翰·阿德勒

目　录

夏山和尼尔	*001*
伊丽莎白·帕斯卡尔	*004*
布赖恩·安斯库姆	*022*
罗伯特·汤森	*028*
迈克·贝尔纳	*046*
罗伯特·马勒	*060*
海尔妲·西姆斯	*084*
雷纳德·拉萨尔	*102*
弗里尔·斯普雷克利	*114*
伊桑·埃姆斯	*134*
戴恩·古德曼	*157*
卢西恩·克罗夫茨	*176*
克莱尔·哈维	*195*

罗达·古多尔	208
馆小路童	221
阿比盖尔·泰勒	232
夏山大事年表	248
夏山术语	251
附录	254

夏山和尼尔

1883年,亚历山大·萨瑟兰·尼尔生于苏格兰金斯缪尔。他的父亲是一所乡村学校的校长,不算上夭折的孩子,育有八个子女,尼尔排行第三。尼尔的童年很不快乐。因为学业没有指望,14岁时,他离开学校,开始工作,先后当过公司职员和布店售货员。因为两份工作都干得庸庸碌碌,他父亲就在自己的学校雇佣了他,以换取他继续求学的费用。这份工作持续到1908年,那年,25岁的尼尔考上了爱丁堡大学。在获得爱丁堡大学文学硕士学位后,他开始从事出版和新闻工作。工作一帆风顺,但是,因为1914年战争爆发,这份工作被迫中止。由于体检不合格,尼尔未被征召入伍,而被任命为格雷特纳乡村学校的校长。在那里,他开始实践他的革命性的教育思想。这段经历后来被他写入处女作《校长日记》(*A Dominie's Log*),1916年出版。图书热销,他由此声名鹊起。

1917年的征兵体检，尼尔顺利通过，参加了入伍训练。在那里，他遇到了对他产生重要影响的霍默·莱恩。霍默·莱恩管理着一家名为"小联邦"的问题儿童治疗机构，该机构通过儿童自我管理机制来帮助他们纠正不良行为。这对尼尔形成社区教育的思想具有深远的影响。莱恩也向他介绍了弗洛伊德和其他精神分析学家的书。尼尔的第二本书《解雇的校长》(*A Dominie Dismissed*)于同年出版，并且和第一本书一样畅销。尼尔与莱恩约定，战争一结束，他就去莱恩的机构工作，但还没等他去，这个机构就关闭了。

1919年，尼尔出版了第三本书《逃学潮》(*The Booming of Bunkie*)。同年，尼尔加入金阿尔弗莱德学校，当时进步倾向最强的一所学校。但对尼尔来说，这所学校还不够进步，或者说，不够另类。五个学期后，因为与学校在学生自治方面的观点分歧，尼尔离开了这所学校。

在金阿尔弗莱德学校时，尼尔的学生沃尔特·诺伊斯塔特的母亲莉莉安·诺伊斯塔特，对这个特别的老师和他的教育思想非常钦佩。她是澳大利亚人，具有爱尔兰血统，丈夫是一名眼外科医生，德国人。莉莉安·诺伊斯塔特在英格兰拜访自己的妹妹时，一战爆发，她就留了下来。回德国时，她邀请尼尔来跟自己一家一起住。

夏山和尼尔

1921年,尼尔住到了位于德累斯顿乡村赫勒劳的诺伊斯塔特家。此间,尼尔拜访了附近的达尔克罗兹学校,一所由埃米尔·贾克斯-达尔克罗兹在战前建立的形体音乐教育中心。当时中心的负责人,曾是达尔克罗兹学校学生的美国人克里斯廷·贝尔,也被尼尔的教育思想打动。她提议尼尔在中心的闲置教学楼侧楼里办一所国际学校。于是尼尔倾其所有,成立了一家机构,夏山学校由此诞生。同年,尼尔出版了第四本书《半信半疑的校长》(*A Dominie in Doubt*)和第五本书《胡萝卜色的褐绿色》(*Carroty Broon*)。也就是说,当尼尔创办其革命性的学校时,已经是相当有名的作家和思想家了。

伊丽莎白·帕斯卡尔
就读于1921—1923

"
伊丽莎白·帕斯卡尔在国际学校（即早期的夏山学校）成立之初来到学校。当时，除了"免于强制"和"学生自治"以外，对于要办成一所什么样的学校，尼尔还没有清晰的想法。伊丽莎白是第一个女学生，入学时加上她一共只有三个学生。因此，伊丽莎白可以称得上是这种新式教育的小白鼠。尽管尼尔曾在格雷特纳和金阿尔弗莱德工作，见到过运作中的"小联邦"，但这些经验离创办这所学校还相距甚远。这所学校在当时是实验性的——实验以儿童自然发展代替成年人的详细规划能否成为可行的教育方式。后来被尼尔称为"示范性"的学校的种子，此时正在萌芽。但那时谁也不知道学校是否办得下去。
"

伊丽莎白·帕斯卡尔

伊丽莎白生于1908年，在伊尔福出生，在哈罗盖特长大，当时她名叫贝蒂·莫蒂默。父亲是一位化学家，也是很出名的传道者。他还参与镇议会的工作，并且是扶轮社的创始人之一。母亲来自艺术世家，是瑞典神秘主义宗教家斯韦登博格的信徒。尽管家境不富裕，但伊丽莎白的生活很幸福。"家里藏书丰富，文化传统深厚。有时父母为了买一本书，宁愿少吃一顿午饭。"

虽然伊丽莎白是独生女，但她非常快乐。"父母平等地对待我，做决定时从来不会把我排除在外，所有事情，艺术上的，生活上的，他们都会和我商量。因为我是家里唯一的孩子，所以我经常和成年人打交道。父母认识很多像凯尔·哈迪[①]、拉斯金[②]和玛格丽特·麦克米伦这样有意思的人，玛格丽特和她的妹妹雷切尔发起了推动在英国建立幼儿园的运动。"

十岁时，当时的贝蒂离家到米德尔斯伯勒附近的贵格会[③]寄

---

① 凯尔·哈迪（James Keir Hardie, 1856—1915），英国第一位工人议员（1892年），下院第一位工党领袖（1906），英国独立工党（后来并入工党）创始人。
② 拉斯金（John Ruskin, 1819—1900），英国作家、艺术家、艺术评论家。
③ 又称教友会，基督教教派，反对暴力，宗教仪式简单，无神职人员，强调个人反思，相信每个人心中有上帝，强调思考和理性，注重培养服务他人和社会的价值观和良好品质。

宿学校上学。之前她上过本地的几所走读学校。"离家不远的一所学校因为我是商人的女儿而不愿接收我。我父亲当上当地教育委员会的主席后,他们又改变了主意,但我父亲不接受这份前倨后恭的好意。这件事并无辛酸意味,父亲并不介意这些事。父亲是个非常风趣的人,经常开玩笑。"

1919到1921年期间,贝蒂都在那所寄宿学校上学。她记得那时喜欢参加好友聚会,这样的聚会她现在还在参加,但除此之外,就没有太多别的回忆了。"那是所男女同校的学校,我不喜欢约克郡男孩子的粗鲁和身上的味道。我觉得和男孩在一起很不自在,与在家的生活对比起来,这种感觉非常鲜明。但我因此了解到,对孩子来说,物质环境不是最重要的,最重要的给予他们的爱。在那儿上学时,我经常想家。

"妈妈知道我在寄宿学校过得越来越不开心。有一天,一个患有轻度精神病的男生在我面前故意露出生殖器。我并不十分惊恐,因为我知道父亲也有。但或许出于一种期待生活有所变化的心态,我还是投诉了。我充分利用了这次事件。父母猜到了我的心思,对于我会把它用作离开学校的借口,他们做好了心理准备。于是,我回家了。"

贝蒂的母亲当时读过尼尔的前两本书——《校长日记》和《解雇的校长》,颇有触动。"我自己也读过《校长日记》,而且很喜欢。一个住在哈罗盖特的朋友,博伊德医生,告诉妈妈他的大儿子德里克要去德国赫勒劳,尼尔要来办理接他的手续,会住在他那里。父母就邀请了博伊德一家和尼尔在镇上的一家咖啡馆的包间一起吃午饭。我坐在尼尔旁边。他平易近人,我很快就非常喜欢他了。他问我以后想做什么。也许是为了给他留下好印象,我说我想当传教士。他评论了几句,具体说了什么已经不记得,但他的评论让我觉得他似乎并不感到信服。"

贝蒂的父母决定送她去德国。"那个时候,除了富裕家庭,平常人家连出国探亲访友都很少听说,所以父母送我出去意味着极大的信任,但尼尔就是那种容易受到信任的人。……赫勒劳是一个美丽的示范村。村里有一个专门的单人间招待所,和贵格会学校的宿舍相比,这个招待所令我非常满意。这里的自然环境很美,夜晚的松树林散发出神秘的气息。……对我来说,重要的是整个氛围——学校、音乐、景色和身处其中的快乐。基本上每一天都很愉快,这种感觉上学以来从未有过。我不用担心下一刻会发生什么,这对于绝大多数学校来说也是奢谈。"

尼尔很受喜爱。"大人和孩子都喜欢他。不论对方的年龄长幼,他对每个人的态度是一样的。"尽管很喜爱孩子,但他拒绝身体接触。"我觉得他担心身体接触会被误解。"有一件事让贝蒂觉得受到了无礼对待,那就是她被称为小孩。"我一直不喜欢这个称呼。"

那时尼尔的书已经很出名。很多人来赫勒劳拜访,其中包括诗人埃德温·缪尔和妻子维拉。维拉教贝蒂英语。"维拉是个很好的人,本身也是优秀的作家。多数时候她一对一地教我。"有时其他国家的女孩会来学英语。"和不同国家的孩子一起相处无疑是最开心的事之一。我一个非常好的朋友后来在集中营被杀害,因为她是犹太人。她来自匈牙利,是个很可爱的女孩。尼尔把她的死讯告诉了我。他很喜欢她。"

维拉的英语课是以阅读和讨论的形式进行的。"上课时我没学过写作。我还留着当时写的几封信,语句不通,文白不分,其糟糕程度,连我自己看了都感到惊讶。尼尔认为,你想学的时候自然能学会。我就是一个例子,仅仅一两年后,当我16岁时,我就写得很通顺了。……无论你想学什么,尼尔都会设法找人来教你。但其实,赫勒劳的老师不是尼尔找来的,他们是自己来的。当时德国有不少来自匈牙利等地的政治难民。我的拉丁语老师是匈牙利人,所以我说的拉丁语有匈牙利口音。"

伊丽莎白觉得,没有哪个单个的成年人对她产生了特别重大的影响,但舍管弗劳医生[①]很重要。"我喜欢给她帮忙,她很

[①] 即后来一代代夏山人口中的莉丝夫人,莉莉安·诺伊斯塔特的简称。

好相处。"

至于尼尔,他总是在写作或是做东西,也给舞蹈学校的女孩上心理学小课。"逐渐有其他孩子来上学,我们开始定期开学校大会——学校自治会。没有任何事情是强迫的,我们自己制定规则,跟今天夏山的学校大会没有多少不同。尼尔希望孩子们能够形成自我约束,意识到行为的后果。"

在伊丽莎白印象中,尼尔是个非常敏锐的精神分析学家。"学校搬到莱姆里吉斯后,有一次我去拜访,并参加了学校大会。一个孩子做错了事,不记得是什么事了,所有人对他非常失望。这时尼尔站起来,向大会承认了自己的一件错事。当时我很生气,觉得他打断话题的做法莫名其妙。后来我才知道,他这么做是为了让大会的焦点从这个孩子转移到自己身上。他的做法奏效了。所有人都忘了先前的罪魁祸首,开始谈论尼尔。那个孩子脸上松了一口气的表情妙不可言。在类似的情境下,尼尔经常这样做。他知道那个孩子当时无法承受那种压力,就用了一种最巧妙的方式帮他摆脱。"

然而,尼尔自己是以加尔文主义方式抚养大的,伊丽莎白觉得他从未摆脱童年经历的影响。"他总是和想象中的'他们'作斗争。他常常毫无理由地事先假定,一些人会批评他正在做的事情。话说回来,他确实很特别,在很多新事物中充当了先锋。尽管从未担任领导职务，他仍然极具影响力。……但是，为了传播他的观点，他会运用夸张手法，有人对此感到担心。这种做法的坏处是让人觉得你只是想夺人眼球。他确实让听众感到震惊，还使他们开始思考。一些人觉得他很狂妄，但更多人觉得受益于他，因为他开阔了自己的眼界。……我见识过他对世人的影响力，我发现最重要的是他能打破人们的思维局限。他能够让人从不同的视角看问题，用现代的话说，他使人学会横向思维。如果人们陷入了一种单一的观点，在一定程度上，这意味着这种观点需要发展革新了。"

伊丽莎白见过尼尔的父母，他们曾到赫勒劳拜访。"尼尔写过他年轻时曾和父亲的关系很僵。他的父亲矮小，整洁，起来很严肃。但我觉得他的父母都很亲切。也许随着年龄增长，他们变得更温和了。他们看起来很为尼尔感到骄傲。"

学校没有必修课。"除非你自己想学，否则谁也教不会你。不强迫上课和写作业听起来没什么不正常，这对我来说是一种解脱。当然，长大后我会对贵格会学校教的那些知识心怀感激，我的全部基础教育是在那儿完成的，我学会了阅读、加法口算、多位数除法等等，后来几年我也学会了读写。……尼尔教男孩们器物制作，他也给我上过几节数学课。我能充分享有个人空间。我可以在自己的房间读书，没有人会来打扰我。有时我会坐在尼尔的房间里，看他打字。他会把《校长在国外》(*Dominie Abroad*)的摘要读出来，问我是否喜欢。我在这本书里化名'玛丽'，这是我自己取的名字。"

伊丽莎白相信，上课不是尼尔真正感兴趣的事。"他主张不教授任何东西，而是由学生自己去发现。我想，他会很乐意告诉你怎么查百科全书或辞典，但他觉得灌输知识，例如介绍某个历史事件，并不会有多大用处。只有你对某件事产生了兴趣，然后自己去查资料，你才会有收获。"

那时候，所有的成年人都以姓氏相称，并加上"女士"、"先生"或德语中的类似敬语。但尼尔从来只叫尼尔。"我不会把他和我以前的老师比较，因为尼尔就是尼尔。他从来不是校长。如果有人问我校长是谁，我得想一下才意识到，哦，他指的是尼尔。他只是尼尔，当然，还是一个非常好的朋友。"

在招待所，几乎每天晚上大家都会一直跳舞，直到留声机里的音乐放完。"我们的舞曲唱片相当丰富，狐步舞风靡一时。尼尔喜欢跳舞，但他的腿脚不便，跳起舞来很吓人。大多数日子我会去练习艺术体操和舞蹈。尽管我知道我的身体条件做不了专业舞蹈家，但我仍然喜欢跳舞。"

新心理学在当时是一个热议话题。"人们有一种强烈的重建和重生的感觉，不会再有战争，现代心理学将解决所有的问题，世界将因此而不同。一切都会变得无比美妙，但倘若新心理学落入医务界之手，似乎又很可怕，不过，显然担忧之事成真了。"

似乎赫勒劳的每个居民和到访者都有特别之处。"缪尔一家很特别。我参加过的一个来访神智学者的对谈引人入胜。这些记忆格外清晰。和在家里时一样，我经常和成年人聊天。我们常去德累斯顿听音乐会。舞蹈学校的学生上演了一场巴托克芭蕾舞剧的早期作品，这场演出唤醒了我对音乐的感受力。"

伊丽莎白在那里上学时，通货膨胀开始恶化。"我记得下午用相同数额的英镑换到的德国马克数额是上午换到的数额的两倍。我得带上一个巨大的手提袋去银行，才放得下换回的德国马克。如果你有英国货币，你就是十足的富人了。我用每月一英镑的零花钱买到了一台缝纫机、一块金表和一顶高级天鹅绒帽子。"

男女同校寄宿学校的反对者警告，这类学校可能发生滥交行为，但这里完全没有这个问题。"我们那时的保守程度，现在的人也许已经很难理解。我13岁时交了一个德国男朋友，叫乌尔里奇，他非常英俊。一天，尼尔把我叫到一边，提醒我小心不要怀孕。我惊呆了，发生性行为是我们连想都没想过的事。"

在国际学校的同一栋楼里还有一所名叫新学派学校的本地

学校，接收当地的德国学生。"按照当时德国的标准，这所学校已经很自由了，但以我们的标准看还很严格。在交往中，我们随心所欲的自由令他们着迷。那真是一段美好的时光。我一度觉得我找到了自己，当然主要是因为舞蹈。在舞蹈学校和当地学校，我交到一些女性朋友。我也读了很多书。尼尔有欧·亨利的全部作品，他觉得欧·亨利是世界上最好的短篇小说作家。"

除了文学、音乐和舞蹈，还有大量其他艺术活动。"我们在墙上画壁画。各种活动非常丰富。那样的时间、地点、人物汇聚在一起，不逊于一所大学。"

后来学校搬迁到奥地利，离家太远导致开支上升，正逢父亲换了工作，备考律师职业考试后收入下降，伊丽莎白就离开了学校。"我喜欢学校的氛围，享受那里无拘无束的自由。学校带给我的是充分的自信。十几岁的我绝不是毫无自我意识的孩子。我从来不为'别人会怎么看我？'这样的问题担心。我能照顾好自己和比自己小的孩子。在最后一个暑假，14岁的我负责带着一个10岁女孩回英格兰。当时路上要花36个小时。我们在德累斯顿上错了车，然后没赶上我们的那趟船。我一点都没有惊慌失措。车站主管指给我们认识两个英国人，他们也误了行程，其中一个认识10岁女孩的爸爸。他们借给我们住旅店的钱，晚上还带我们去看电影。我敢判断这些人值得信任，但我还是提醒同伴,告诉她只要跟紧我就不会有事。事实正是如此。这种信心首先来自父亲。当我出错时,他会说:'至少你尝试过。'来到尼尔的学校上学,独自在异国生活,则增长了这份信心。"

但伊丽莎白觉得,有一点也许是她在这样的学校学习所错过的,那就是专注。"我一辈子都没能投入一件事情很长时间。我觉得我从没有真正彻底地坚持做一件事情。但这与其说是我教育经历的缺陷,不如说是我的天性。关于教育,很重要的一点是,教育不是传授,而是让孩子的天赋得以发展。尼尔使我能够向生命学习,使我不惧怕生活。"

离校后

从德国回来后,我跟着家庭教师学习,花了一年时间准备大学入学考试。这项高度紧张的任务让我压力很大,有次考试直接晕了过去,把其他人都吓坏了。我一直不知道自己考了多少分。后来妈妈遇到监考官,他对妈妈说,如果孩子不适合走学术道路,硬逼她也没有意义。于是妈妈建议我学戏剧。

我进入了伦敦综合学校,学习戏剧。在那里,与其他女孩相处成了问题。她们觉得我很另类,而我觉得她们感兴趣的事非常无聊。我经常看到她们在可笑地谈论男孩,可笑至极。这大概和她们过去上的都是女子学校有关。我觉得她们很幼稚,而她们觉得我太天真。她们说对了。因为小时候离开了这个国家,很多事情我闻所未闻。

演讲训练课上来了一位中国学生,我和他成了朋友,并且通过他在友谊俱乐部结识了很多留学生,其中包括克里希纳·梅农。

上世纪二十年代的伦敦,娱乐业非常发达。我去看了第一部有声电影《唱歌的傻瓜》,紧接着看了《爵士歌手》。在舞台剧《千娇百媚》中,我看到了弗雷德·阿斯泰尔[①]和阿黛尔·阿斯泰尔这对姐弟黄金搭档。我在戏剧学校受到的演讲训练非常有用,因为此后几年我在给外国学生上演讲课。公共演说课也很有帮助,我学会了如何组织我的笔记,如何在五分钟之内发表一个开头中段结尾完整的演说。同时期有一位学生叫马哲·阿林厄姆,悬疑小说作家,他为我们设计制作舞台布景。不过我在这所学校刚学习了一年,校长病重,课就停了。校长不久后去世。接着我得到了一个去法国的机会。

在法国短暂停留后,我来到瑞士的一家康复中心,给结核

---

① 美国著名电影演员、舞台剧演员,1950年获得奥斯卡终身成就奖。

病恢复期的孩子上课。我为孩子们提供一对一辅导，但是，因为不教那些不想学的孩子，我被炒了鱿鱼。显然，我受到了尼尔的影响。幸而，并非所有人都反对这种教育观念，至少有一个家长对此表示感激。在一个极度缺乏自信，生活在姐姐阴影中的孩子身上，我的教育方法取得了极大的成功。她觉得自己什么事都做不好。有一天，我做错了一道加法题，她很小心地纠正了我。与一般老师常有的反应不同，我一点都不觉得尴尬，相反，我承认了我的错误，并且恭喜她做对了。从此之后，她的自信心与日俱增。谁都会犯错，而且犯了错也没关系，让孩子看到这一点非常重要。当孩子意识到这一点，他的自信心就会增强。耐心也很重要。我从未见到父亲或尼尔发脾气。

回到伦敦后，我先后担任私人助理和接手电影公司宣传代理工作，这两份工作都很有趣。当劳埃德·乔治开始为组织青年自由党的新联盟争取年轻人时，我申请加入并获得了一个职位。这份新工作证明了我的公共演说课的价值。19岁时，我成了全国最年轻的政治组织者。我的活动范围是西南地区。我坐火车走遍德文郡、康沃尔郡、格洛斯特、多塞特郡、汉普郡和威尔特郡。通常，我在一个镇住一周，帮助组织青年自由党的宣传活动，劝说人们加入。我自己发表演讲，也组织嘉宾演讲，有时还请爸爸来演讲，他的出场费由办公中心支付。后来，组织的全力资助者劳埃德·乔治决定不再资助,我的这份工作就结束了。在1929年换届选举中,我为父亲拉票,他是伯恩茅斯选区的自由党候选人。这次选举是所谓的"时髦女郎选举"——21岁的女性第一次获得投票权。

有一次,我受邀去荷兰演讲。在那里,我遇到一位荷兰律师。母亲觉得他是很合适的人选,同意了我们的婚事。九个月后我生下了我的女儿。我的丈夫非常大男子主义,那时很多荷兰男人都这样。在很长一段时间里,我不敢对他有所违拗。这场婚姻持续了十年,于第二次世界大战前夕告终。我不得不去荷兰办理离婚手续。回来的路上,我们穿过一个矿场。三周后,德国入侵波兰。

然后,我去了洛特里公司当秘书,那里有三千个男员工,只有我一个女性。后来,我又回到公共演讲领域,为信息部和英美友好组织工作。我住在拉塞尔公馆的套房里,一周四英镑的工资中两英镑用来付房租,因此要靠朋友接济来维持生活。整个轰炸期间我一直住在那里,飞机低空飞过头顶的声音和救护车警报至今令我感到不适。几乎完全靠直觉保佑,我熬过了那段时间。

1947年,我再婚嫁给西德尼·帕斯卡尔。次年,我的儿子出生。西德尼比我大很多,但心态很年轻,我们在一起很开心。

两年半后,他去世。1955年,我第三次结婚,不料他居然是个酒鬼。我第一次与酗酒者相处,不知所措。

为了让儿子远离他的继父,加上其他一些考虑,我把儿子送到了寄宿学校。让孩子上寄宿学校是不是件好事,我觉得因人因时而异。独生子女可能因为养成了某些太顽固的习惯,不能适应新环境。我的儿子上学前很快乐,但两学期的公立学校生活简直是场灾难,他说话变得结巴起来。于是,我把他换到了一所贵格会学校,这所学校好多了。如果父母给予孩子的是真正的爱,就不会错得太离谱。我从来不会对我的孩子大喊大叫,很少指使他们做事,嗯,即使我指使了,他们也不大会听。孩子需要得到支持。在孩子十一二岁前,我不会把他送去寄宿学校,如果家庭和睦温馨,适合离家去上大学的年龄是16岁。

我相信,一所好学校会给孩子舒展羽翼的机会。你永远不知道孩子什么时候会改变。孩子时刻在变化,意识到这一点很重要,恰恰很少有教师能做到。当我的孩子假期从寄宿学校回来时,我不会因为他们上次离家前喜欢在茶里放糖,就想当然地认为他们现在还喜欢这样。我不断更新对孩子们的看法,比起说"你过去总是如何"来,这样做简单多了。我们也许应该把"总是"这个词剔除出我们的词典,因为我们要随时准备好接受变化。尼尔懂得这一点。尼尔很懂孩子,也许原因之一是他自己从未长大。但我觉得好的教师都是这样的。毕竟，耶稣说过，好的教师都有童真的一面，不是吗？

我一生中有很多时间是与儿童和青少年一起度过的。我曾担任伦敦一所芭蕾学校的管理员。60岁时，我搬进位于格洛斯特的现住所。在这里，我开始招收短期来访的孩子，一次八个孩子左右。他们来自德国、法国、荷兰，在这里一边学英语，一边过假期。这个尝试非常成功。一些孩子只是被压抑得太久，需要一个环境释放压力。我为他们提供了这个环境。在这里的自由气氛中，他们的紧张情绪大大缓解。有一个孩子当时似乎感到非常无聊，但他父亲多年后告诉我，这个假期成了他人生的转折点，令我颇感惊讶。我的很多学生和房客还在定期来信，很多人邀请我去做客，有些还会来拜访。

尼尔的学校给了我持续学习的信心和能力。我至今仍有一颗求知的心。我也喜欢动手实践，喜欢学习新技能，我总能在烹饪、缝纫和编织中找到乐趣。我小时候从不觉得无聊，可以说，我一辈子都很少感到生活枯燥。我懂得享受独处，也乐于与人交往。宁静或热闹，快乐不变。学校无疑也影响了我对待孩子的态度。自治会议是一个尤为重要的元素，是学习理解他人和解决分歧的绝佳途径。这种实践民主的形式，应该推广到更多学校。我曾在拜访莱姆里吉斯时，看到十多岁的德里克·博伊德主持自治会议的情景。他从中体现出的能力令我佩服。比起上一次见到他九岁时的样子，短短几年，他的自信心变化之大，令人赞叹。

我觉得尼尔的观点是对的，如果让孩子自由发展，当他想学的时候，他会学得非常好。这个结论对所有的孩子成立。即使在普通学校，如果给孩子一定的自由，少对他们催促唠叨、评头论足，那么他们在12岁左右，就会突然开始学习。但对于一般的孩子，也不必彻底放任。我觉得自愿上课的方式，适用于那些被过度压抑，或被严厉管教管坏了的孩子。但如果老师确实优秀，孩子会喜欢听他的课。事实上，我并没有十足的信心，说授课不是最好的教学方式，写作业和听课可能是相互促进的。我不敢下断言。任何看起来有效的方法都是有价值的。教条主义是不对的，我觉得尼尔就有点教条，这正是我和他存在争议的地方。那时这种感受就已经很鲜明了，当然，当时我的表述方式一定和现在不一样。

对于类似的学校，最有可能出问题的是学校的教职员。很多人有自己的问题需要解决。要记住的是，自由学校的教师并不自由，相反，他们应该比一般的教师更自律。

后记

2006年,伊丽莎白从格洛斯特的家搬到了伦敦,和女儿一起居住。她继续从事写作,出版诗歌,直到2009年辞世,享年99岁。

布赖恩·安斯库姆
就读于1925—1931

"
在法国1923年占领鲁尔区,引发德累斯顿的政治经济环境恶化之后,尼尔把国际学校搬到了匈牙利。1924年,因发起了当地的反抗运动,加上他存款的银行破产,尼尔决定回到英格兰,并把校址选在莱姆里吉斯的一座名为"夏山"的山丘上。莉莉安·诺伊斯塔特和五个学生跟他一起来到英格兰。

布赖恩·安斯库姆1925年来到夏山。当时学校正开始招收更多问题儿童,包括被英国公立学校管教坏了的儿童,以及一些出于更积极的理由被送来的学生。下文为布赖恩·安斯库姆所写,她的这段经历从十岁独自来到夏山开始。
"

我要在莱姆里吉斯附近的一个小站阿克明斯特和接我的人

碰头。站台上只有两个人：一个是行李搬运工，另一个是穿着旧雨衣，打扮得不伦不类的家伙。这个人就是尼尔，可以说，跟我想象中的校长形象截然不同。

当年，莱姆里吉斯是个小型的海滨度假胜地。夏山位于相对欠发达的东部，不过拥有专属的优美环境，海拔200英尺的高度，为俯瞰小镇和整个莱姆湾提供了极佳的视野。校舍是一栋格鲁吉亚风格的三层建筑，还有一个半地下室，用作尼尔的工艺室。校舍前面有一块近似水平的圆形小草坪和一条大路，后面的细草网球场被分成了几块有坡度的场地。校园里也不缺少孩子们可以爬的大树。

我记得的最早的事情之一是自治会议。13岁的玛丽·阿特纳急冲冲地跑去敲钟，一边喊道："开会啦。"那时的自治会议每次都在尼尔的客厅里召开，远不像现在这样正规。至少有一段时间，没有常设的主席办公室，主要是因为规模小，只有十来个孩子和三四个职员。会议的召集者一般会充当主席。大部分会议是根据需要召开的，用来处理投诉和日常遇到的其他问题。这样的会议似乎经常召开，因为总有些人会时不时地打斗两下，打扰到其他人。除了偶尔要求挑衅方补偿受害方，一般来说大家不会投票决定对这些冲突实施惩罚。通常，大家只是在讨论这些事情。尼尔有时会从心理学的角度给一些意见，但也是以自由和宽容为原则的。假以时日，这种方法将施展温柔的魔力。

会议上制定的大部分规定我都已经不记得了，有一些规定则随着时间推移而延续下来，例如就寝时间的规定，又如尼尔坚持着周一到周五上午不得去镇上的规定。

另外，我或多或少记得一些课程。初到夏山，闲逛了几周后，因为对化学感兴趣，我上了科基（乔治·科克希尔的昵称）的课。他好像每天上午都有空，而我经常是他课上唯一的一个学生，在他的课上我学到了很多化学知识。后来我上了乔尼（即布朗温·乔恩）的数学课，但我无法领会数学的奥秘，不久就退课了。

星期五是领零花钱的日子。1925年发放的计算公式是年龄的一半减去一便士，就是说，10岁的我可以领4便士。那时4便士能买到不少东西，特别是当你想买的东西恰好是糖果的时候。按照常理，学校附近会有一家糖果店，当然，真的就有这么一家，是巴里开的，由一个凶巴巴的女人经营。那是我见过的最小的糖果店，小到第三个人站进去就太挤了。

星期六晚上是电影之夜。刚过七点半，大家就成群结队地下山，前往海滨大道东头的电影院看电影。我相信电影院的后半部分伸到了海面上空。那时候还是无声电影，影片基本上是西方的经典电影，主角是诸如汤姆·米克斯、胡特·吉布森和杰克·霍克西等大明星。钢琴伴奏者不停歇的演奏使放映室不再寂静，她演奏的曲目并不算多，但总是能贴合电影的气氛和镜头的变换。第一排座位的儿童票价我记得是 4 便士。中场休息时，大家会冲到大厅，花 1.5 便士买一个大冰激凌蛋筒。这个蛋筒是天然奶油做的，好吃极了，白天也可以在海边的流动摊位上买到。

海滩上有很多乱石，很不利于游泳，对于散步却是极佳的所在。往两个方向走景致都很好：西边有引人入胜的峭壁和树林，东边有正在崩坍的石灰岩，下方的海滩则是寻找化石的考古学家的天堂。

在我印象中，当地人不排斥夏山。学校有时会为当地人演出一些著名的剧目，比如《大惊小怪》和《农夫的妻子》。

尼尔保持着他特有的低调。他经常待在他的工艺室，或者摆弄他的汽车，那时候他沉迷于敲制铜板，做烟灰缸之类的器物。这股狂热劲头过了很久才消退。常有知识分子朋友来拜访尼尔，其中我记得最清楚的是作家埃塞尔·曼宁，以及一对讨人喜欢的夫妻，埃里克·丁沃尔和多丽丝·丁沃尔。丁沃尔教授是灵异现象研究学社的调查员，过海滨生活则是他的另一项兴趣。

莉丝夫人（即莉莉安·诺伊斯塔特）聪明、温暖、慈爱。尽管有时坚持己见，她仍然堪称尼尔的最佳搭档。在莱姆时她得心应手，比起里斯敦，她大概更喜欢莱姆的孩子人数吧。她过去常常在客厅给孩子们读书，到了里斯敦，她还保持着这个受欢迎的习惯。她的网球打得很好，她的儿子沃利常来学校，也打得不错，他们两人可以算是网球精英中的核心团体了。

科基是夏山的重要人物。当化学老师只反映了他工作和能力的一小部分。他不事张扬，却能在各种事情中激发我们的兴趣。他组织了无数次远足，包括两次期中野营和两次假期去法国和德国的跨国旅行。但我不想称他为带头人，因为这与他的身份不搭。他有着约克郡人的幽默感，和他相处令人愉快。他是尼尔的左膀右臂。不知道尼尔是否意识到，有他在夏山是多么幸运。

乔尼极具学者气质，虽说看起来相貌平平，但她的真诚和热心使她深受学生喜爱。她在夏山工作的时长仅次于科基。我想，我没能学好数学并不是她的问题。

1927年夏天，我们搬到了里斯敦。在新的校舍和新的环境中我们没空念旧，因为有太多新鲜刺激的事情可供探索。莱姆很快被大家封存进了历史。我记得到里斯敦时，加上新生，学生人数增加到了20-25人，而且此后继续增长。

我在里斯敦待的时间比在莱姆长很多年。在漫长的时间里，我对里斯敦的气息变得非常熟悉，并渐渐地爱上了这种气息。我并不怀念莱姆里吉斯,但我会永远记得,在那里,我受好运眷顾,加入了一所独一无二的学校,人生轨迹因此完全改变。

经常有人问我,早期的夏山学校是什么样子的,现在的它是否变了,是否保持着本色?我可以很有信心地说,夏山那种真实强烈的自由和相互理解的氛围,或者说,校园生活的精神核心,才是这么多年来始终如一的部分。至于原因,我想,任何理解夏山和夏山办校原则的人都无需再问。

罗伯特·汤森
就读于1928—1933

"
　　1927年，莉莉安·诺伊斯塔特和丈夫奥托离婚，嫁给了尼尔。同年晚些时候，夏山上的校舍租约到期。短暂寻觅后，他们在萨佛克郡的里斯敦镇找到新校舍，并保留了"夏山"这个校名。从此，除了在二战期间撤到威尔士，夏山就再也没有离开过这里。

　　很多人认为夏山人都来自自由主义或左翼家庭，罗伯特·汤森证明，这个看法是一个普遍的误解。罗伯特的父亲是正规军的军官，在去夏山前，罗伯特上过预科学校。在夏山影响下，他走上了一条成功而充实的职业道路。选择这样的道路，对于像他这样家庭背景和社会阶层的人来说，不同寻常。
"

罗伯特·汤森

罗伯特·汤森1917年生于伦敦摄政公园。二十世纪二十年代，他的父亲被派驻在爱尔兰，他在爱尔兰上过走读和寄宿学校。接着，他去了肯特郡，和比他大三岁半的哥哥帕特一起上预科学校。罗伯特回忆道："那是一所传统而严格的学校。你可以想象那是什么样的，教职员为了使自己的工作更轻松，营造出令学生畏惧他们的氛围。在宿舍说话之类微不足道的错，就足以去校长室挨藤条。"自然而然，兄弟俩在这所学校都不快乐。"某一学期，帕特拒绝回学校上学，我觉得他很有勇气。"那年是1926年。"恰好我的叔叔弗兰克到英格兰来了。他长期待在国外，是个头脑灵活、思想开明的人。我母亲说：'哦，弗兰克，请一定帮帕特另找一所学校。'于是他细致地调查起各所进步学校来，最后找到当时位于莱姆里吉斯的夏山学校。"

罗伯特请求妈妈也让他转学，但妈妈一开始没把他送到夏山，而是送到了另一所预科学校。"这所学校和上一所学校比起来好不到哪里去，甚至，校长在某些方面更病态。可笑的是他的名字就叫埃维尔（意为恶魔）。"罗伯特在这所学校待了一年。"不出所料，放假时我听到帕特把夏山描绘成一个人间乐园，于是求父母让我去夏山上学。尽管他们有点不情愿，但还是同意了。"

当时是1928年，夏山刚刚搬到里斯敦。夏山的自由程度，令罗伯特大吃一惊。"完全不像我见过的任何一所学校,大概是因为一般的学校都要强迫学生学习,到现在普通学校依旧如此。我没想到学校也可以不令人压抑。在夏山,我感到自由自在,变得生气蓬勃。"

罗伯特记得他读了不少书,也参加了很多实践活动,比如组装收音机、修理自行车。软焊之类的技术则是从年长的学生那里学来的。在预科学校时,尽管接触木工的时间不多,他就已经发现自己喜欢做木工活。在夏山,虽然没有正规的木工课,但木工室随时可以用。

他对周围的物品,尤其对家具很感兴趣。"我的舍管是露西·弗朗西斯,她后来去创办自己的学校了。她客厅里的格鲁吉亚风格的家具和油画对我产生了很大影响。"

夏山学生的家庭背景和国籍范围很广。那时瑞典学生的比例很高。一些父母因为赞同尼尔的教育理念而把孩子送到夏山,另一些则是因为孩子在普通学校出了问题才送来。罗伯特记得有些学生似乎在某方面表现得不正常,其中一个看着已经很大了的学生尤为明显。"有一些中上层家庭的孩子因为在正统学校上不下去而到夏山来,就像我和我哥哥一样。对于学生来夏山的原因,尼尔总是讳莫如深,就像医生不会随便谈论病人的疾病。"

然而，大多数学生本身并不刻意回避自己的过去。很多学生会经历一个破坏性行为的阶段，也常有偷窃事件发生。"尼尔直觉地意识到严刑峻制不是好主意。如果以保留尊严的方式处理问题，学生最终会设法克服这些行为问题。如果有人在偷窃时被抓住，学校大会大概会说，那就罚他拿出零用钱的一部分直到还清吧。不在道德上上纲上线是完全可行的。大会使学校在轻松愉快的状态下保持着凝聚力。"

对从男校转学而来又没有姐妹的罗伯特来说，在男女同校的学校上学是件美妙的事。"我觉得很小的孩子就会有两性的吸引和对异性的审美。夏山生活让我形成了对待异性的健康态度。青春期的男孩往往害怕接触女孩子，这可能就是他们和女孩保持距离的原因。这是一种自我保护的方式。但在这里，我们逐渐变得能够轻松自然地和她们相处。夏山以最顺其自然的方式促成了这种变化，真神奇。"

至于学校的传统职能，罗伯特觉得尼尔可能过于轻视了。"他显然不愿意强迫孩子学习，但他似乎有点过于敏感了。不识字实际上是种生存障碍。毕业生不识字对于一所学校来说是说不过去的。如果你爱一个人，你就会希望他足够强大，能够适应社会，而一定量的学习显然是必要的。可以让孩子们在愉快的方式下学习，而不是像传统学校那样把学习当作惩罚。但如果没有恰当地引导孩子，没有在一定的年龄教会他识字，那就不是自由，而是失职。幸运的是，一些教师意识到了这个问题，自己进行了一些额外的辅导。"

在夏山待了一年后，罗伯特请求父母让他转学到走读学校。那时罗伯特的理想是参加海军。"正因为夏山不强迫学生学习，我觉得我很难用功起来。"他去了伦敦的圣保罗预科学校，在那儿他开始怀疑自己是否真的想当海军军官。一次体检查出他的左眼高度散光，"就是说我无论如何都上不了达特茅斯的海军军官学校了，这倒使我安心了。"他回到了夏山。

罗伯特的父母都和尼尔相处融洽，"只不过他们大概觉得帕特和我去夏山上学一定程度上是我们学业失败的表现。但睿智的弗兰克叔叔对夏山的认识比我父母深入得多，他能够全面地看待夏山。"

罗伯特的母亲在他14岁时去世。他父亲那时刚刚退伍，在伦敦开了一家旅馆。"那里没有多少家的感觉，因而在情感意义上，夏山就成了我的家。"直到罗伯特毕业几年后，夏山还一直是他的情感依托。"毕业后很长时间，我都经常回到夏山，直到我组建自己的家庭，在工作中结识新的朋友，才逐渐走出对夏山的依赖。那是一种令人愉快的影响。"

罗伯特记忆中的夏山是一个井然有序、生气蓬勃的地方——包括外出参赛,一周有两次曲棍球比赛,周日有长途骑行,一周有两次电影,还有大量戏剧演出,剧本通常出自尼尔或孩子们之手。夏山学生还办了一本杂志,叫《夏山粥客》(*The Summerhill Joker*),罗伯特毕业后有时还会帮忙办这本杂志。

那时尼尔还在向成年人和孩子开授心理学理论的小课,不过罗伯特从没有参加过。"但我们有过轻松而有益的非正式谈话,我很喜欢他。我觉得他其实很腼腆。他似乎会用深奥的笑话来自我保护。他会讲一些艰深难懂的内容,这就是他和你交朋友的方式。"

罗伯特觉得尼尔对教学的矛盾心态几乎是必然的。"这几乎是他的一个心结。但从另一个角度说,假如尼尔没有这种心结,他恐怕根本就不会创办夏山了。所以,如果对尼尔还有什么可挑剔的地方,那也只是因为金无足赤,人无完人。夏山的经历和尼尔对我的影响,是我人生的宝贵财富,其意义无论怎么强调都不为过。"

罗伯特还记得莉丝夫人起到的巨大的积极影响,但和尼尔不一样。"她比尼尔传统,但她的一些传统美德对学校非常有益。例如,有人可能觉得她有一些中产阶级的癖好,比如把一切打点得干净整洁、井井有条。她总是把房间和庭院收拾得很妥当。校舍原来是里斯敦的加勒特机械厂老板的住宅,建于爱德华七世时期或维多利亚时代后期，花园和庭院的风格也是同期的。一条林荫石子路通往两块草地网球场。维多利亚时代的主人心思细密，保留下很多树种，因此细心的男孩女孩们如果在校园里转一转，就能找到各种树木：胡桃树、巨大的山毛榉（被称为"大山毛榉"）、杂色的针叶树和非常漂亮的羽毛状叶片的中国红杉。开车过来时，可以在左手边看到这些树木。学校雇了一个花匠，蔬菜也自给自足。莉丝夫人保持了她接手时的校园布局。

莉丝夫人的客厅是大家夜晚闲聚的好去处。聚会的气氛有点像沙龙，莉丝夫人会担任主持人。"夏山的很多房间难免简陋，但只要是稍有审美情趣的人，一旦走进高雅别致的房间，多少会感到一种精神上的愉悦。"她身上确实有守旧的一面。"我觉得她多少有一点势利，只是她从未因此伤害到别人。"这一点可以从他对待家长的态度中看出来。"她可能更喜欢招收上流社会的学生。"

她对性的态度也很保守。"一天晚上，我在一间女生房间聊天。我穿戴整齐，也没做任何可能让人联想到色情的事情，莉丝夫人看见了我，说：'鲍比，快出来，这是学校，不是青楼。'我觉得'青楼'是她刻意使用的措词，我以前从没听说过。我很高兴听到这句话，因为我喜欢学新词。"

罗伯特·汤森

在莉丝夫人的支持下,罗伯特开始做他的第一件家具。"我意识到如果自己不赚点钱,每个月的零花钱就不够花了。我发现教工休息室的沙发坏了一条腿,就去跟莉丝夫人说:'如果需要,我可以做一个放在教工休息室的新沙发。'她答道:'好啊,去做吧。'于是,我用剩下的大约5英镑零花钱买了原材料。没有人教我怎么装饰家具,也没有人教我任何步骤,全靠我自己摸索。结果做得很不错,沙发设计得很牢固。我觉得沙发套应该让莉丝夫人挑选,就和她一起去了附近的商店。莉丝夫人只想买最便宜的,而我特别中意稍贵一点的另一款。我和她在店里争执不下,最后我只得说:'如果你不想要更好的这款,我就把沙发卖给别人。'于是她不再坚持了。有意思的是,她后来非常喜欢这个沙发,还把它放在了自己的房间,而把旧沙发留在了教工休息室。"很遗憾,这个开创性的作品没有保存下来。"战争期间,沙发不见了,也许被砍了当柴烧了。"

离校后

我没有考那些考试科目的证书就离开了夏山,也不知道接下来要干什么。父亲说:"你已经16岁了,该考虑自立了。"我不知道该从事什么职业,不过,作为一个组装过收音机、喜欢机器的男孩，我最先想到了电子工程。在谋生的压力下，我选了法拉第学社的电子工程课程，结果完全跟不上。我的数学不够好。或者，自大一点说，我有一种艺术家的气质。我无法长期从事不能激发想象力的智力劳动。因此，第三年时我退出了这门四年制课程。

夏山给了我一种与众不同的看问题的眼光，一种另类的积极的观点。有一些话题是人们不愿意谈论的，因为人们觉得这些话题俗套、暧昧甚至下流。但是，只要会察言观色，并且尽量避免失言伤人，其实没有那么多禁忌。

周末我还是会回夏山，通常住在美术老师梅·查德威克家，她家就在附近。她像母亲一样照顾我，所以我去夏山时常住在她家的阁楼上，有时带些谢礼给她。吃饭一般去夏山，我会跟莉丝夫人结清餐费。我记得周六晚上和周日都有舞会，所以我常在周一清早起床，驱车赶回位于伦敦的法拉第学社，上九点的课。我后来在夏山呆的周末，可能比我在夏山时呆的还多。即使在夏山搬到了威尔士费斯蒂尼奥格的时期，我也常在假期去拜访。

21岁时我继承了一笔遗产。理论上说，我可以想干什么就干什么，也可以什么都不干。碰巧，我的那位福星叔叔又到英格兰来了。我对他说："我想从事和美术或者手工艺有关的工作。"他就带我去了几所美术学校。我们去了切尔西市,那里的艺术品非常精美,但我不感兴趣。然后我们去了位于南安普敦大街的中央工艺美术学校。我和叔叔与家具和室内装潢学院的院长J.C.罗杰斯一起讨论入学事宜。院长是一位和蔼的建筑师。尽管我没有任何书面证书,他还是对我说:"欢迎加入我们。"这是一件值得铭记的善举。于是我进了中央工艺美术学校,并且发现自己非常喜欢学习家具木艺。

在这里,我发现自己也是有天赋的。我学得很顺利。中央工美对我来说非常好,既激发了我的兴趣,又恢复了我的自信,使我相信自己可以有所成就。但是,1938年对于任何一门课程都不是好起点,因为次年战争爆发了。

我并不感到意外。一年前发生的慕尼黑危机已经明白地预示了可怕的事即将到来。我不想参军,除了世俗的理由,我还有别的考虑。我意识到军队的纪律是专制的,人更像机器,而不是一个有自己意志的人。而我对于权威的态度明显已经留下了夏山的烙印,我不屑于尊重权威,我觉得位高权重者多是崇拜权力的傲慢之人。我不会在他们面前卑躬屈膝,仿佛他们是自然的奇迹一般值得敬畏。我只尊敬那些为了人类共同的福祉而行使的必要权威。

这时,恰好一个夏山校友布赖恩·安斯库姆应聘当了商船上的电报员。罗杰·安斯库姆（布莱恩·安斯库姆的哥哥）和我突然就想："何不干这个呢？"我们参加了英国电报通讯学校的培训，获得了证书，于1940年5月一起出海。培训虽然是民间项目，但完全算得上替补队伍。我绝不是好战分子，但也赞成阻止希特勒和纳粹得逞的行动。那时，比起绝对服从的行为准则，死亡反而没那么可怕。后来我听说，商船队的伤亡率高于任何一支军队，死亡率高达四分之一。

除了偶尔上岸和一次时间稍长的病休外，战争期间我都在海上。我参加过大西洋的一些船队，去过印度、澳大利亚和非洲等地。我还在著名的JW51B船队上工作过。那次，船队要往俄罗斯的摩尔曼斯克运送弹药，后来乔治·布朗德在《零下考验》（*Ordeal Below Zero*）中用一章的篇幅记载了船队的事迹。德国人知道这个船队。重型巡洋舰西佩尔号本来要和其他德国巡洋舰一起伏击我们，但他们出了一点差错，没有在我们经过时会合，因此我们的六艘驱逐舰组成的护卫队英勇地击退了西佩尔号。多谢他们的失误，整个护卫队得以安全到达摩尔曼斯克。卸完货返程时，我问同伴我们送的到底是什么货物，他说："大部分是弹药，还有一些红十字会的补给品、可可粉……还有200吨炸药。"听完后，我想，能回到家真是太好了。在其他船队的航行经历没有这么危险。我所在的船都不曾被击中，毫无疑问，我太幸运了。

战争临近尾声时，同盟国取得了制空权，潜艇威胁也由于声纳的发明而大大削弱。这些我倒不记得有什么恐惧，只有像俄罗斯之行那样可以察觉的危险，确实使我害怕，但我只能鼓励自己保持坚强，并且祈祷一切顺利。总体上，这是一段有意思的经历。不过，这场战争无端地打断了我的生活。比起欧洲人，尤其是犹太人所遭受的不幸，我这么说听起来很自私。但是，战争中断了我的职业道路，拆散了我和女友，迫使我们食不果腹。我想，大多数参战的英国人不是出于高涨的爱国热情，更多是迫于无奈，才参加了战争。

1941年，我在爱丁堡的金士顿诊所接受鼻窦炎治疗，在那里结识了我后来的妻子，伊娃，她当时在那里看望她的姐姐。尼尔与我和妻子的结缘有间接的关系，因为她们的表兄弟曾拜访夏山，并从尼尔那里听说了这个诊所。诊所的主人，理疗师J.C.汤姆森是尼尔的朋友，尼尔有时也会到诊所来。1943年，我和伊娃结婚。

战后，我准备继续学习家具设计制作。我意识到中央工美不是学习家具木艺最理想的学校。在希恩斯素食馆，我偶遇一位夏山家长，告诉她我在找学习家具设计制作的地方，她说："哦，你得去找住在新罕布什尔州弗罗克斯菲尔德的爱德华·巴恩斯利。"我去了那里，花80英镑一年的学费报名当了学徒。其实我不太喜欢爱德华的家具，更希望他是传统的家具设计师，但是在那里受到的训练非常好。那里有一流的木匠，工作井然有序，可以学到从制图到上光的完整过程。那是一个很适合学习的地方。我在那里学了两年半，然后买了一所离里斯敦不远的房子，并把其中一间作为我的工作室，在此工作至今。

我的设计灵感主要来自观察，来自对家具的观察。我对事物的外观和视觉图像一直很感兴趣。为了宣传作品，我参加了各种社团组织，例如工艺美术品展览协会和英国工艺品中心，那里可以整年展出我的作品。人们可以买下展品，工艺品中心再从中获得一笔佣金；人们也可能喜欢这种作品风格，但想要另做一件，那么我就能接到生意。1970年前后，萨福克工艺品协会成立，我是发起人之一。协会为我们提供了位于斯内普摩廷斯的展览场所。我们在奥尔德堡音乐节期间举办了展览。有文化的有钱人都来了，依我看，这比伦敦协会所能办的展览好得多。从此以后我的事业蒸蒸日上。

我在市立伊普斯维奇大学担任了一段时间的教职，报酬大约是我工作收入的三倍。不过，我主要是出于接受挑战的目的来做这份工作的，想看看自己能否胜任这样的工作。那时，创造性的手艺活不受重视，人们觉得这是笨人做的事，或者是一种精神疾病的治疗手段。我认为这种观点非常荒谬。经济考A的内容很容易就能熟记并出口成章，但木艺工作却需要运用想象力和多种思维能力。如果我班上的男生本身不喜欢这门课，把上课当成关禁闭，那我对他们也就无能为力了。我开始鄙视正统教育的观念。我不喜欢授课，但还是做了两年，因为我不想中途放弃我的学生。像警察一样维持秩序不符合我对木艺的态度。如果学生只是想捣蛋或者混日子，他就不该呆在教室里。但正统教育不允许这样做，你必须呆在教室里。教自愿学习的学生和教被迫学习的学生，完全不是一回事。无论如何，我尽了最大努力，任教期间没有出现严重的教学事故。考试及格的学生人数符合正常的比例，不过有一个我觉得最有天赋的学生却没及格。他有些失望。后来我听说考试期间他父母正在闹离婚。人们在生活中会遭遇种种困难，有时会运气不佳，这就是其中之一。

　　从此以后我一直独立从业，也不算缺钱。没有订单时，我会碰运气做一些作品参加展览。我的作品美观实用，很受欢迎，因此不会积压。但我不知道我的作品原创性如何。原创性是一个大名鼎鼎的滑稽的词。战后，人们好像觉得原创性和物品的价值直接相关。特伦斯·康伦说过，没用的设计不是好设计。例如，陶艺家们曾经流行在很高的高脚杯底部装一个圆形把手，这个设计很有原创性,但问题是杯子上部重,这样的设计得花十倍的力气才能保持杯子稳定,所以这是个愚蠢至极的设计。个性是另外一回事。我相信大部分收藏家能辨认出我的作品。我有意回避媒体。曾有媒体来采访,但我天真地相信作品本身能说明一切。

我有三个儿子,都已成年。我不想当权威式的家长,但觉得在孩子的抚养过程中需要把握恰当的度。你必须有一定的权威来制止孩子做那些他们还不了解后果的蠢事。我完全不赞同现在一些年轻人带孩子的方式,他们把孩子带得自由到了反社会的程度,这些被惯坏的孩子太以自我为中心。尼尔说过,自由的限度在于不侵犯别人的自由。这一观念也适用在抚养孩子上。

显然,我没有钱供养三个孩子去寄宿学校。而且战后,我对教育的态度有了变化。年轻时,我这一阶层的人觉得把孩子送到公立学校上学是有失体面的。我曾把大儿子送去过夏山。我发现,尼尔对作为家长的我很冷淡,感觉很疏远,当然后来我们相处得不错。他眼中的学生家长只是符号化的形象,我觉得,他对学生家长有心理障碍,这大概是生活经历给他留下的心结。此外,学校似乎比我当学生时松散了。所以,后来我把大儿子送到了新舍伍德学校。那所学校既保持了轻松融洽的气氛，又加强了对游戏和活动的组织，学生闲逛的时间较少，学习目标更明确，我觉得更切合实际。

我的二儿子去了里斯敦文法学校，小儿子去了现代初级中学。和普通家庭的父子一样，在孩子的成长过程中，有一段时间我们之间关系紧张。我曾经不愿意谈论这件事，但到了这个岁数，我已经能够坦然面对孩子对我的批评了。现在我们相处得非常愉快。我懂了，孩子长大时必定要离开家去闯荡。他们必须走出自己的安全港，而父母是这个安全港的一部分。因此，父母总是会被离弃。被离弃的滋味不好受，但这是为人父母的必经之路。我们必须理解这一点，先忍耐，以后再想办法。

基本上，我一辈子保持着好心情。人总有缺陷，但总的来说我的心态快乐而友善。我喜欢积极向上的状态，好像从不感到无聊，很容易就找到事情做。我的身体一直很好。我觉得好心情和好身体是紧密相关的。紧张的状态会消耗身体的能量。人充满能量时就容易开展建设性的工作，容易对周围的人友好热情。我一直积极锻炼身体。我喜欢游泳，也喜欢呆在乡村，呼吸新鲜空气。有段时间我吸过烟，但我不像哥哥，我从没有上瘾过。我似乎天生热爱健康生活。

我从未信奉什么主义，比如共产主义或别的什么主义。我相信，一个人生活越充实，越了解自己，潜能越得到开发，他就越不需要信仰。我觉得信仰是对可悲之人的一种慰藉。至于死后生命的延续，只不过是基因延续到了后代身上，还有对子女、朋友、熟人产生的影响，例如保存下来的我的家具。虽然说得含糊，但我认为人死之后就只剩下这些了。

我的妻子几年前去世了。我觉得我的婚姻是成功的。我认为，要过体面的生活，首先应该有一个成熟的婚姻观，认真地对待婚姻。婚姻意味着双方彼此忠诚，这是一个不成文的契约，否则，家庭很容易破裂。如果两个人同床异梦，关系就会紧张。夫妻应该彼此照应，以诚相待，因为夫妻两人一荣俱荣，一损俱损。也许有的现代人觉得不必费力维持婚姻，认为父母离异也不会伤害孩子，但我不这么看。我认为尽力相守，白头到老，非常重要。

诚然，我感到社会风气正在堕落，这着实可怕。如果马克思说对了什么，那就是这句话："量变引起质变（如果我引用得没错的话）。"看看英国不断排放的汽车尾气吧。也许二十世纪二十年代时少量的汽车尾气还能被大气层消化，但现在尾气已经成了个问题。农业是又一个例子。我们刚来这里时，人们是用双手劳作，用钉耙来除草的，现在，到处都是使用化肥的愚蠢的现代农业。这只是人类公然掠夺地球的两个例子，更不要说氯氟烃破坏臭氧层的问题了。

几乎可以说,世界分成了目光长远者和急功近利者两大阵营。急功近利者总是自行其是,如果没有人阻止他们,他们会一意孤行下去。很多人喜欢不顾后果赚快钱,实在可怕。同样令人恐惧的是那些毁灭性武器的威胁。只要有一个无耻之徒把核原料卖给某个昏庸的独裁者,全世界一下子就危险了。所以说,世界真是个可怕的地方。年轻一代要在这种可怕前景中成长,我感到难过。

无论我对夏山怎样挑剔,可以肯定的是,瑕不掩瑜。夏山非常了不起的一点是搭起了校园生活和成年后独立生活的桥梁。换句话说,当你走出夏山,夏山并没有离开你,正如我离校后仍有数年依赖着夏山。当我立足于社会后,夏山不只是一所学校,还是老友旧识的家。总之,尼尔和他的学校给了我太多太多。

后记(2011)

罗伯特现已退休,不再从事家具制作工作。九十多岁的他仍然喜欢玩纵横字谜游戏。

夏山学校毕业生

迈克·贝尔纳
就读于1932—1940

> 二十世纪三十年代,左翼和自由派的许多家庭开始因为相信尼尔的教育理念,而不是出于无奈而送孩子来夏山。很多人曾以为秉持自由教育理念的夏山不适合那些有学习天赋的孩子,然而,事实上,很多成功人士是大器晚成。主流教育强制孩子早早学习某些科目的做法恰恰与之背道而驰。
>
> 迈克·贝尔纳来自科学家家庭,他自己后来也在科学领域据有一席之地。但在上学期间,他并没有显示出对科学或者数学的特殊兴趣。他更爱待在美术室,或去参加学校里丰富多彩的社会活动。

迈克·贝尔纳生于1926年。他的父亲J.D.贝尔纳是剑桥大学的物理学家,被称为"科学圣人"。J.D.贝尔纳是晶体学领域的领军人物，但他不仅因学术成就闻名，更因活跃在政治领域而为人所知。作为一个马克思主义者，他曾试图在冷战期间建立双方沟通的桥梁。他写了几本书，其中最著名的两本是《世界、众生和恶魔》和《科学的社会功能》。迈克的母亲曾为经济学家约翰·梅纳德·凯恩斯工作，并且在内战期间积极参与和平运动。

迈克不知道他的父母是怎么知道夏山的。"但无论如何，他们把我和弟弟伊根都送到了夏山。"之前，迈克上过位于剑桥的幼儿园，据他回忆，他觉得这家幼儿园还不错。六岁时，他来到夏山。"我从一开始就喜欢夏山，我好像从来没有不快乐过。"迈克很喜欢他的父母，尤其是母亲，但是，年幼的他在与父母分离时，竟不感到困难。迈克回忆道："我很喜欢这种节奏。我既喜欢待在夏山，也喜欢期末时回到家。对我来说，鱼和熊掌可以兼得。"

在迈克眼中，几乎所有的教职员都很好。"有一两个甚至像英雄。"然而，他并没有把多少时间花在课上。"我们有时会去找他们，也喜欢他们，但我们更喜欢到处游荡——骑车、爬树、搭棚子。对孩子来说，这儿是一个再好不过的游乐园。我们爬的树里有几棵非常高大，不过我们似乎也都没什么大碍，没人来提醒我们，别干这别干那，小心受伤。"

在迈克印象中，大家相处融洽。"也有帮派和小团体，但不是那种凡事排外的类型，而只是在一起冒险。"他记得自己和伙伴一起偷翻橱柜。"我们被抓住了，然后被明令禁止。"学校大会是个制定规则和处理违规行为的好制度。"如果一个人表现出反社会倾向，那往往是他缺少了某一部分爱。对此大家有很好的共识。说真的，我们就是这样看的，而且年龄很小的孩子就能有这种认识。"

迈克确信，夏山是一个真正的民主社会。"学校大会培养了夏山人用民主方式解决问题的观念，虽然开会只占校园生活一个很小的比例，但这种观念影响深远。"

舞台表演和即兴表演也发挥了重要的作用。"既能体验别人的视角，也能扮演自己，表达自己的观点。"期末演出是件大事。"大家会花很大的精力准备期末演出。我喜欢在期末演出中当演员。"

迈克对读书的回忆只有寥寥几句。"年轻人的杂志我好像都读，例如《鲁莽的人》和《电影娱乐》。此外，我每周必去电影院。"每周末，大厅里会举办舞会。"夏日的夜晚，太阳落山，大厅的灯光亮起，音乐缓缓流淌，留在我记忆深处的这番场景，美妙至极。"

第一次见到尼尔的时候，迈克有点怕他。"但我认为他是个了不起的人，直到现在还这样想。我不轻易这么评价人，他确实非常杰出，不同凡响。"尼尔会给小孩子讲自己写的故事，故事的角色是孩子们。他最终把这些故事整理成了书。迈克出现在《最后的幸存者》一书中。

在迈克印象中，尼尔没有给他上过课。"我记得我很喜欢上课，也从来没有落下上课的内容。这些课程为我的未来打下了扎实的基础。重要的是所有的课程都是自愿的。"他对莉丝夫人感到疏远："她令人敬畏。如果夏山有什么地方算得上严格，那就是她了。"

迈克特别喜欢艺术和手工艺活动。他曾认真考虑过毕业后当一名艺术家。他总结道："最后，我想，如果我成为科学家，也能找到闲暇从事艺术创作。当然，实际情况并未像设想的那样发展。我差点走上艺术道路，和夏山当时有很多艺术界的访客有很大的关系，他们显然对我产生了影响。但最终，我离校后就没有再想过要投身艺术。"

迈克是个活力四射的运动健将。"我会打板球、踢足球、打曲棍球，擅长短跑冲刺。学校会举办运动会，但不会搞得非常严肃正经。"他记得大部分活动女生也参加，而且男女生之间很平等。"当然，男孩女孩也有各自的保留活动。另外，这样那样的浪漫事迹时有出现。总之，男女生相处得很融洽。"

西班牙内战期间，学校来了很多西班牙女孩。"我觉得她们对学校产生了很大的影响。我对索尼娅·阿拉基斯塔因和另一个女孩印象尤其深刻。索尼娅的父亲是西班牙大使，或者至少是一个高官。虽然说那时所有女孩在我眼里都很漂亮，但她们与众不同，尤为特别。她们比我年长，所以我敢说那一定不是暧昧的情感。"

战争爆发后，学校搬到了费斯蒂尼奥格，迈克跟着去了，但只待了一学期。"那时，也许因为应召入伍，或这样那样的原因，很多优秀的教师离开了夏山。我想，不想虚度光阴的话，我最好另谋去处了。"

离校后

在剑桥，我花了一年时间向一个很棒的长者学习物理和化学。1941年，我进入了巴特西理工学院，也就是现在的萨里大学。那里的教师非常优秀，他们激发了我对物理的巨大兴趣，也使我喜欢上化学和数学。

随着战争持续，我感到我应该做点什么。因为还在上学，我就参加了空军训练团，然后成为一名空袭报信员。我觉得我站在正义的一边，有责任做这些事情。我们的房子没有受到轰炸，但我对炸弹在远处爆炸的声音记忆犹新。

整个战争期间，我几乎一直住在父母的房子里。我父亲先是评估轰炸造成的破坏，后来又担任联合作战行动的科学顾问，为蒙巴顿勋爵效力。其中一项工作是评估在法国海岸登陆的可能性。我不知道他有没有在诺曼底登陆前去过现场。但我能确定的是，他非常英勇无畏。

我在巴特西理工学院通过了大学入学考试和中期考试。1943年，我转学去了帝国理工学院数学系。1945年，我获得一等荣誉学士学位。然后，因为我仍然符合应征入伍条件，我就加入了帝国理工学院化工系。

很多人记得肯尼迪遇刺时自己在做什么，而我记得听到投放原子弹的消息时的情景。我去拜访住在乡间的一个朋友，到那儿发现家里没有人，等我打开收音机，就听到了这则难以置信的消息。当时我想到了两件事。首先，这意味着战争结束了；其次，我以为如果开发利用了核能，世界上的能源问题就解决了，很多其他问题也就迎刃而解了（我真是太天真了）。事情往往不像想象的那么简单。后来我参加了核裁军游行。至于是否应当以和平方式利用核能，我不敢置评，但还是乐于见到某些合理使用方式的。

在帝国理工学院时，我听了一个叫弗兰克·博伊斯的人做的关于理论化学的讲座,深深着迷,决定读他的博士。幸运的是,他是个非常好的导师。我读了计算物理方向的博士,在1950年前后获得学位。然后,我当了伦敦大学学院梅西教授的助理研究员。梅西是位杰出的数学家和物理学家,能跟着他做研究,真是幸运。研究完成后,我到玛丽皇后学院任教。接着,我去了国王学院,当时那里恰好正在进行DNA的基础研究,所以我认识了其中很多人,像毛里斯·威尔金斯,但很遗憾,没有结识罗瑟琳·富兰克林。那是一段激情燃烧的岁月。

在国王学院时,有人组织了一系列关于计算机的讲座。早先,我的帝国理工的两个同学也在开发计算机。他们好像没有注意到布莱切利公园等地的工作进展,但他们做得很好。从那时起,我开始关注计算机领域,并且在国王学院期间持续跟进研究进展。后来,即将成立的伦敦大学计算机所发布了一个招聘广告,我应聘成功。那是1958年,计算机价格昂贵,体积庞大,足足要占用一整个房间。我教授编程课。当时程序语言还很初级,自然,随着时代发展,编程语言变得越来越复杂。1969年,我被评为数学讲席教授,并在这个职位上一直工作到1974年。那时,所有的大学都开始购买计算机,因此计算机科学所(即原计算机所)就失去了特有的功能。

于是我失业了。小小地发愁了一阵之后,我收到了伦敦大学学院数学系和帝国理工的工作邀请,帝国理工的邀请更热情,我就去了帝国理工,在那里工作至今。确切地说,几年前我已经退休了,然后以顾问身份继续工作。现在我是名誉讲席教授。

做自己喜欢的事,还能从中获得收入,幸运至此,我不敢再有什么奢求。虽然每个人一生中都会有低谷,我也遇到过非常困难的时候,但是,基本上,我是非常幸运的。

在某种意义上,我一直持左翼立场。也许我是个天真的人。我从小就有这种立场,因为我知道世界各地正在发生着各种可怕的事情。对法西斯,不需要了解太多,就该知道那是可怕的事情。所以,反抗法西斯的人就是好人。我看过一些俄国电影,备受鼓舞。其实,我当时还不明白自己为什么那么喜欢俄国电影。不过,俄国既有很好的一面,也有很糟的一面。

夏山算不上完全政治化,但确实有不少学生来自社会主义背景的家庭。战争开始时,人们已经普遍开始反法西斯,反纳粹。大卫·巴顿的政治倾向和我一样,他母亲也是,这一点我可以肯定,但我不清楚他父亲的倾向,因为他父亲是个探险家,某天突然消失了。我也确定莱斯利·莫尔顿是相当左倾的。

在麦卡锡主义的顶峰时期,我加入了共产党,因为我对在美国等国家发生的事情感到惊骇。很难说麦卡锡主义是怎么回事,但我相信其中有近似法西斯的成分。我当了很多年党员,然后，和很多人一样，大失所望。我完全不是对理想失望，共产主义的理想没错，问题出在斯大林主义。关于莫斯科公审，我曾经自欺欺人地相信受审者有罪，后来才意识到审判者才是真正有罪的人。随着时间推移，我再也无法无视这件事，因而毅然退党。共产党里有一些是很好的人，可惜这些好人没有看穿斯大林主义的本质。

此后，我成了一名坚定的工党党员。工党经历过可怕的时期。我觉得撒切尔执政期基本上是灾难性的。但是，她做的有些事情客观上产生了有益的后果，虽然我内心并不愿意承认这一点。

我对世界抱有乐观的态度。在我一生，世界变得更美好了。由于冷战结束，世界更安全了。必须要说，这件事极大地鼓舞了我。虽然当前在伊朗等国仍有战乱，但至少两个大国不再激烈冲突，这样人们就有机会找到解决问题的办法。另一方面，事情又没有这么简单。石油利益等问题使各国互相牵扯，腐败问题非常普遍，不太平的国家不止一两个。

我仍然觉得共产主义的理想合情合理。人们应该一起工作，不应该有贫富的分别。我看不出贫富悬殊的社会有什么值得称道之处。我也觉得人人平等是对的。但是，从长期来看，世事很难预料。这就是为什么我觉得新闻自由、结社自由等自由如此重要。社会应该始终容得下异议。

世界上总有一些人挺身而出。我有幸认识了很多这样的人。但是,我也认识很多懦弱的人。于是我跟他们说:"不要随波逐流。"举一个简单的例子。读本科时,大部分教师都很优秀,但有一位教师根本不行。我们就找系主任说:"这位教师不称职。"然后他被撤换了。我希望人们更多地像这样站出来。

至于我对学生的态度,我希望以平等的方式对待他们。我和研究生的关系一般比较亲密,其中还有几个很好的朋友。如果有人对我恭敬,我会说:"得了,别这样。"为了让学生不怕我,我会想办法尽快消除他们过于刻板的角色定位。因为我担任了系里的就业顾问,所以就更有必要让他们可以轻松地和我交谈了。

我上大学时没有怕过哪个教师。当然,和夏山教师的关系平等自然就不用说了。巴特西理工学院的招生处处长瓦林博士是个开朗热情的人。我们会在教室里一起吃午饭,天南海北地闲聊。没有什么"先生"之类的礼节。我们周围有很多人,但没有一个在乎那些狗屁礼节。

我还保持着联系的夏山校友不多。离开学校后,我见得最多的校友是安东尼·詹金斯,他比我小几岁,是一个有才华的摄影师。我们过去常常一起喝酒。我和大卫·巴顿碰过几次,他是一名著名的统计学家，我差点建议他申请去计算机科学所。事实上，没有我的建议，他也申请并且去了。后来他加入了玛丽皇后学院，我们在就职演讲之类的场合见过面。

两三年前，布朗温·威廉姆斯邀请托尼·奥伯莱特纳回来聚会。那次聚会棒极了，我大概50年之内都不会再有机会见到这些人了。

我从来没有梦见过夏山，甚至很少想起夏山，这是好事，因为我有很多别的事情可想。当然，我有时会想念老友。当布朗温邀请我们和托尼见面时，我知道自己绝不能错过。

去夏山是一件无比幸运的事。虽然夏山不是那种传统的学校，但我不觉得夏山耽误了我的学业。相反，正是因为夏山没有使我反感那些学科，才保留了我继续探索未知的兴趣。我相信，并不是只有我一个人是这样的。正是强迫学习破坏了孩子学习的兴趣。尼尔会小心地避免我们演莎士比亚戏剧，因为他担心那会破坏我们对表演的兴趣。我觉得他的担心很有道理。

人一辈子有很多时间是在处理行政和与人打交道的事务，从我的经验来说，很多人不善言辞。即兴演出的经验使我很早就意识到，出错没关系，大胆去说去做就行。倾听也是夏山精神的一部分，夏山人知道真相并不掌握在某一个人手里。我似乎没有主持过学校大会，但离校后我经常主持会议，我相信夏

迈克·贝尔纳

山的经验对我非常有帮助。我会想，没什么大不了，如果别人能做到，我为什么不行呢？

我没想过要送孩子去夏山。因为我的家庭很温馨，生活环境很好。另外一点是，无论夏山人怎么想，他们也要考虑伴侣的想法。

我离校后没再和尼尔联系，也没回过夏山。有时会在广播上听到尼尔的访谈，也在电视上见过他一次。每次接触，我都会为他的非凡人格感到鼓舞。只有那些影响你一生的、年轻时遇到的英雄，配得上这种评价。我觉得我父亲就可以称得上具有非凡人格的人，尽管我和母亲更亲。此外，我对丘吉尔很有好感，他正是我们当时需要的领导人。我也很敬佩曼德拉。前几天有一出关于乔治·贝斯特的戏剧上演，他是一个英雄。其实他只在结尾短暂出现，整部戏实际上讲的是两个崇拜他因而想成为足球运动员的年轻人的故事。这出戏剧很有意思，因为它展示了崇拜一个真正的英雄，能对人产生什么影响。尼尔一直是一个英雄，他很了不起。我是个务实而不轻信的人，但我同时知道，对于尼尔，我绝不会说："哦，他其实没有那么好。"

我想，最重要的不是夏山能够一直办下去，而是尼尔的教育思想能够传承和发展，人们会从尼尔的经验中获得启发。但愿尼尔的一些理念已经被人接受了。当时，我觉得学校的成功极大地依赖于尼尔的个人特点。他那么伟大，很难相信他去世后谁能接好他的班。建校70周年时，佐薇发表了讲话，我听了感到高兴。虽然我没有见过她。她的讲话很有见识，令人感到温暖。我想："虽然她不是尼尔，但也许她也不坏。"因此，我也不敢说夏山没有尼尔一定会如何。

如果说尼尔给我们留下了什么启示，那么其中一条一定是爱的力量，爱是不可或缺的。我不相信，在爱和关怀的环境中长大，不曾受到打骂的人，能对自己的同胞做出任何可怕的恶行。另一点是反权威。人不能仅仅遵照要求做事和思考，而应该尽可能自己解决问题。务实求真，并且努力做到细致严谨。更重要的是，人应该开明豁达，容得下不同意见。这些都是夏山能够培养的品质。当代儿童受到的伤害，令我感到惊骇。不能说完全没有好教师，但总体上，学校的氛围对儿童成长极具破坏性。

现在尼尔的思想已经传播开来。小时候我就发现尼尔的教育思想很有影响力，很多教师听说过他。但是我希望他的思想能更深入人心。现在全世界都知道了尼尔的教育思想，但我猜真正的支持者并不多。另一方面，世界发生了很多我相信尼尔也会赞同的变化。例如，种族隔离制度废止了。自由思想正通过电影、广播、电视和艺术作品走进千家万户，使人们敢于挑战权威。自由的思想在滋长。我觉得这种变化很好。

回顾人们看待权威的态度,二十世纪九十年代已经不同于三十年代。人们更具质疑精神了。我想,今天的劳动者已经不能忍受被视若草芥了。

刚离开夏山时,我认为在某种意义上,夏山人比其他人更好(我不知道该用什么词来恰当地表达),因为夏山使人远离各种牵绊,远离伪善。但现在我知道自己完全想错了。不是只有去过夏山的人才能成为好人。世界上有很多了不起的人没去过夏山,很多很多。

后记(2011)

学校保留了我的办公桌,我在原领域继续兼职工作。我现在的主要兴趣是戏剧。我会为奇西克的戏剧小组提供支持,为他们解决电脑使用等技术问题,我喜欢这项工作。

罗伯特·马勒
就读于1934—1943

"

尽管二十世纪三十年代的平衡招生已经开始使学生群体从以问题儿童为主转为以其他学生为主,但仍然有问题儿童来到夏山。

经历过互相冲突的父母管教,反抗过权威学校,作为问题儿童的罗伯特,注定会在夏山自由而开放的气氛中茁壮成长。他天生具有企业家精神,这种精神在夏山生长壮大、开花结果。同时,他的棱角和好斗的个性,在这里受到打磨。他成了多个学校委员会的活跃成员。

罗伯特的妻子比蒂也是夏山人,不过只待了三年。他们后来再次相遇并结婚。采访时比蒂也在场,她的一些评论和回忆也加了进来。

"

罗伯特·马勒

罗伯特·马勒生于1926年。他的父亲有德国血统，一辈子都是社会主义者。他父亲创办了生产网球拍和羽毛球拍的工厂，是一个成功的生意人。罗伯特的母亲是他父亲的有力辅佐。工厂最初使用从家族旁系亲属的德国工厂生产的合成羊肠拍弦。罗伯特的母亲是犹太人，来自伦敦东区布里克巷逾越节薄饼①面包师中的所罗门家族。"她受到过良好的教育，精明，敏锐，总是凭借直觉做出正确的商业决策。我相信，遗传因素比夏山和尼尔那时认为的更重要。"尽管家庭和夏山都有很强的无神论背景，罗伯特还是相信上帝存在。"但是我反对家长式无所不包的上帝。上帝不可能像所有宗教设想的那样关心琐事。"

在夏山之前，罗伯特去过七所学校，大部分学校把他开除了。这七所学校包括位于斯特里汉姆的斯坦纳学校——"理念很好但不切实际"，和多拉·罗素的灯塔山学校——"隐约有点像夏山"。多拉·罗素的丈夫伯特兰·罗素也在学校。"父亲般的罗素会给我们讲睡前故事，我在那儿待了一年，但没有留下太多回忆。那是我的第一所寄宿学校，当时我才六岁，好像并没觉得在那里特别开心。"尼尔认识罗素，他认为罗素的做法理想重于直觉，学术气太重。他似乎更赞同多拉·罗素。

---

① 逾越节期间犹太人所吃的一种不发酵的硬面饼。

此后,罗伯特去了一所小学,这是去夏山前的最后一所学校。"因为我父亲是个坚定的无神论者,所以他禁止学校对我进行宗教教育。只要开始讲宗教,我就可以随时起身离开教室。学校接受了这个条件。一天,一位教师试图阻止我离开教室,我和他起了争执。他说:'只有在我允许时你才能离开教室。'我说:'不,父亲说我不能听宗教内容,所以我得出去。'因为不服从命令,我被送到校长那里。她说她要用藤条打我。我清楚地记得,我挺起我三英尺六的身躯说:'我觉得有必要告诉你,如果你这么做,我会自卫。'我说到做到了。然后,她让我父母立即把我接走。"

　　罗伯特的父亲从索尔·莱弗那里听说夏山,索尔·莱弗的儿子戈登(即巴尼)在夏山上学。"我母亲是一个人本主义者,和我父亲一样反对宗教。听到夏山的消息时,她很积极。她直觉地喜欢尼尔,觉得把孩子送去夏山一定没错。可以说,在把我和弟弟妹妹送到夏山这件事情上,她起到了关键作用,当然,我父亲肯定也支持这个决定。"和当时的很多激进分子一样,罗伯特的父亲把夏山视为一项进步的社会主义运动。事实上,他觉得工党战后一上台就会把夏山的做法吸收进公立教育。

　　罗伯特对去夏山并不热情。"我已经下决心不喜欢它,下决心在任何情况下都不合作。我有一种强烈的对抗态度。我一定是个刺头。我是个真正的问题儿童。"

然而,到了夏山,他的态度很快改变了。"大约一学期后,我就非常快乐了。我觉得这可能是因为我第一次远离父母,而这令我感到轻松。尼尔的态度是:'哦,如果你不想做,那就走开。'父亲溺爱我,而母亲努力地想纠正这种影响。我从未跟她友好相处,现在想来非常后悔。能够同时离开他们俩,使我轻松了很多。我喜欢待在夏山。"

和很多夏山孩子一样,尼尔对罗伯特来说有点像幕后人物。当然,罗伯特参加过尼尔的个别谈话,他觉得很有用,因而对尼尔了解略多。很多成年人给罗伯特留下了深刻的印象,莱斯利·莫尔顿是其中之一,他是著名的《人民的英国史》的作者,这本书现在仍然是人文课程的必读书。另一个三十年代在夏山授课的成年人是约翰·格雷厄姆·怀特,孩子们叫他贾斯帕,他后来成了心理医生。

"无论是作为教师,还是对于社会生活,他们都是重要的人。我从来不把上课和社会生活分开,现在也这么认为,它们都是生活的组成部分。"

战前,教师和家长在理念上似乎都是倾向左翼的。迈克·贝尔纳说他的父亲虽然是马克思主义者,却不是共产党员。但是,三十年代有几个家长和教师肯定是共产党员。那时,教育自由和共产主义政体之间的差距还不像后来那么明显。共产党和左翼政党总体上倾向于和战前各种形式的老年歧视主义合并,包括男性着装改革社、新医疗保障社、世界性别改革联盟……和夏山。那时,包括尼尔在内的大多数成年人被视为放荡不羁的左派分子——穿无领T恤、灯芯绒裤子,吸烟管,晒裸体太阳浴,吃古怪食物。负责厨房的莉丝夫人确保大家能吃上充足的新鲜水果蔬菜和全麦面包("粗粮"在当时还是激进的概念)。尼尔把3R箴言①改成了3F箴言,他认为后者比前者重要得多,那就是:自由(*Freedom*)、新鲜空气(*Fresh air*)和新鲜食物(*Fresh food*)。

"学校有很多聪明而有意思的人。过了几个学期之后,我开始按时上课。那时,教师和学生都非常优秀。"罗伯特觉得在教学方面,夏山有过起伏。对很多人来说,三十年代是夏山的黄金年代。夏山学生中有很多有抱负的人,比如迈克·贝尔纳、大卫·巴顿(后来成为著名的物理学家)和高尔顿·莱弗(出版了几本关于中世纪历史的书)。高尔顿的妹妹安杰拉·莱弗,原本注定会成为钢琴家,可惜不幸死于脑瘤,英年早逝。迈克

---

① 即Recover(复兴经济)、Relief(救济穷人)、Reform(改革体制)。1932年,由美国总统富兰克林·罗斯福在总统竞选演讲中提出。

尔·博尔顿成了萨德勒斯威尔斯芭蕾舞团的舞蹈演员，罗伯特记得他曾经在舞会上技压全场。罗伯特的弟弟拉尔夫成了一名寄生虫学教授，出过一本关于非洲绦虫种类的权威著作。

罗伯特回忆说："从传统公立学校转学来的学生在学业上往往不如我们。"这还是在尼尔公开轻视书本学习的结果。"我们这批学生到最后几年都非常喜欢学习。我们粗鲁地找尼尔抱怨说，我们要来不及备考毕业会考了。尼尔说：'算了吧，你们才不想考什么劳什子的试。'而我们说：'我们他妈的真想考。'结果证明，我们准备得很充分。"

罗伯特未来的妻子比蒂在沃里克郡长大。作为家里的独生女，父母把她送到了一所小型家庭互助式寄宿学校。这所学校教11岁以下的孩子。1937年，她来到夏山，在夏山待了三年，其中两年在里斯敦，一年在费斯蒂尼奥格。和罗伯特一样，她觉得尼尔不引人注目，"但当你需要他时，他总是就在附近"。她喜欢夏山，"尽管有时有点孤单。我文静内向，既没有惹过谁，也没有谁惹过我。夏山也许更喜欢外向的人，因为他们更容易做自己。我真希望能够在夏山多待一段时间，特别是我走后不久来了一位很棒的美术老师"。

这位美术老师是罗宾·邦德，他曾经指导过几名初露头角的艺术家，其中包括麦克沃特和伊芙琳·威廉姆斯，他们后来成了职业画家。

尽管罗伯特·马勒在夏山时数学不好，但他后来进入贸易行业时学了会计。"我对数字不敏感，但我读账目时学会把数学想成故事。饮料和配件都有各自的性格，也就是价格，这样我就可以像再现单词一样很容易地把价格再现出来。另外，我会做加法。在夏山时，我上了每一堂数学课，我的数学全部是从尼尔那里学到的。不知道尼尔算不算一位优秀的数学老师，不过我猜迈克·贝尔纳和大卫·巴顿不觉得他算。那时他们虽然还是孩子，但在数学上很快就超过了尼尔。"

罗伯特就像夏山的商人。"我经营着大量的球拍出借生意，夏山人称之为'诈骗'。还有各种娱乐设施。我有一部电影放映机，架设在小木屋里，为小孩子播放卡通片，每人次收取1便士。我最赚钱的生意是倒卖邮票。假期时，我会收购一些贴了外国邮票的旧信封，用肥皂水把邮票洗下来，根据《斯坦利·吉本斯目录》把它们分类，然后在《热刺》、《巫师》之类的漫画杂志上登广告，把这些邮票卖掉。我每周能赚10先令[①]，那时我们每周的零花钱是年龄的一半，以便士计。所以，我称得上非常阔绰。算下来我每晚可以花1.5先令，电影票1先令，饮料和

[①] 旧时英国货币辅币单位，1先令等于12便士。

薯片各1便士。"

罗伯特还发行了一本校刊，《夏山粥客》(*The Summerhill Joker*)，图文内容来自教职员和学生。"父亲给了我一个二手写字板录入式打印机。我记得有人在学校大会上提出，罗伯特·马勒必须如何做《夏山粥客》。我愤怒地大声答道：'我才是拍板的那个！'这句话当时在夏山流传开了。"

体育、电影、音乐、舞蹈、戏剧和各种各样的社团活动，组成了夏山丰富多彩的校园生活。从战前到战后，夏山人的政治参与意识发生了很大的变化。罗伯特记得尼尔对党派很警惕。"俄国共产主义没有如人所愿，他感到失望。"虽然尼尔对左翼抱有同情，而且几次称俄国共产主义者在做"勇敢的实验"，但他自己从不参与任何政党。1937年，尼尔曾把俄国称为"创造性的文明"。然而，同年，当他的签证被苏维埃政权无故拒签后，他开始怀疑他之前的看法。此外，对尼尔来说，还存在一个原则性的问题，正如孩子不应受到宗教和道德灌输，政治观也不应该受到统一塑造。他接受教职员加入共产党，进行党组织活动，但禁止他们在孩子们中间开展政治活动。但罗伯特参与过投递《工人日报》。随着法西斯和纳粹的扩张，以及1936年西班牙内战的爆发，政治活动不可避免地渗入夏山，尤其是在很多西班牙和德国难民来到学校之后。还有一些家长活跃在反右翼组织中。"三十年代时,我们都感到共产主义是人类社会的出路。我们常为了西班牙难民少吃周六的一顿晚饭。《格尔尼卡》①描绘的画面就是那个时代,当时,我认识的很多人加入了国际旅。"

对罗伯特来说,战争的爆发是意料之中的。"我记得很清楚,张伯伦宣布'英国因此对德国宣战'时,我正坐在尼尔的收音机前。我也能背出丘吉尔的很多战时演讲。"宣战后没几天,警察拘捕了非常受欢迎的奥地利舍管托尼·奥伯莱特纳,因为他是敌国盟国国民。夏山人非常愤怒,但也无计可施。"50年后,我在一次校友聚会上再次见到他,那是1939年他被警察带走后我首次再见到他。战后,他移民去了加拿大。"

马勒和太太都认为,夏山的核心是每周一次的学校大会。虽然比蒂本人并不积极参加会议——"我好像没发过一次言"——但是她毫不怀疑学校大会的作用。"公开讨论问题的气氛非常好。会议的组织工作由学生志愿承担。会议确实能有效地解决问题。委员会的人总是更坚信会议的作用,罗伯特就是

---

① 1937年毕加索为纪念在西班牙内战中被德国飞机轰炸的巴斯克城而创作的巨幅油画,是一幅被毁坏的世界的图景,画面上有形状奇特的垂死的马和惨遭杀害的儿童。

其中之一。"

罗伯特觉得学校大会对他以后的人生也产生了有益的影响。"现在的我有了一些可取之处，如果不是夏山，我不可能成为现在的样子，甚至很可能一无是处。我经常主持学校大会，那是非常有益的经历，它使我能够理解别人的观点，不过也许比蒂会说我从来不懂别人的心思。我觉得总体上，民主制度运行得很好。有时一些团体可能会占主导，但从不长久。如果有的规则行不通，不断引起不满，最后就会被废除。这就是民主制度的自然发展过程。对外界的民主制度，我略抱怀疑。在《诸如1066》一书中有一个关于《大宪章》的精彩段落，其中有一句是：'每个人都应该得到自由。'我觉得这是对《大宪章》的精辟总结。"

有意思的是，有一学期没有实行民主。当时，教师西里尔·艾尔因在一场曲棍球比赛中受伤而卧病在床。"我不知道起因是什么，只记得一次学校大会上，大家投票选他当了独裁者。那学期非常美妙，但是西里尔可能因此累坏了。他要从早到晚一个接一个地处理那些纷至沓来的纷争，凭借所罗门般的智慧仲裁这些问题。我猜尼尔曾经想让他接任自己的工作。"

罗伯特谈道："夏山人对性都很开放。有时会从公立学校转来猥琐的男生，有一个我特别有印象。他比我大两三岁，他的猥琐是典型的六年级式的。他在佣工中间很受欢迎，或者他自认为受欢迎。但两三个学期后，他就改好了，成了完完全全的好少年。他的问题来自他以前所处的环境。离校后，我觉得社会上的人对性的态度很幼稚，至今未有改观。"

夏山对性和性教育的做法多年以来基本没变，但对同性恋的态度可能发生了变化。罗伯特回忆说："曾经有过同性恋关系，但那些关系都不长，大家普遍持反对态度，尼尔明确反对。他觉得那很可能是由不良环境造成的一种心理疾病。我也持这种看法，但我没有公开批评他们，我只是觉得不自然，但也说不清。"

罗伯特和比蒂都认为，在夏山，男女真正的平等。"在各种社团组织中，女孩的发言权和其他人完全一样。影响力取决于个人品质，而不是性别。"罗伯特觉得主要的区别是"女孩可能更现实，对理论不那么感兴趣"。

离校后

我在自信满满的状态下离开了学校。也许夏山人确实有点骄傲，觉得自己比别人好。离校后，我察觉到了不同之处，有些事情在夏山不会发生。社会上的人们明显更幼稚。我们过去常说:"呀,外面还有这种事呢。"我们觉得夏山人要比其他人层次高。我甚至觉得别人有点烦,当然他们也厌烦我。

在1942年末、1943年初,我离开夏山,计划着尽快参军。我在吉尔德霍尔音乐戏剧学校学了一年,在家族企业兼职工作,业余时间成立了克罗伊登青年戏剧社。同时,我还活跃于军校学员中,办了一个军营刊物。很快我被升为准军官,我觉得这是因为我充满自信。很大程度上,别人是根据你的自我评价来看待你的。我过去常常相信我还可以做得更好。17岁时,我成了指挥官。当其他人还在躺着吸烟,等着参加检阅游行时,我命令我的排行军到总部。我干练地走到长官面前报告:"首长,第三排整队完毕,随时接受检阅。"他不知所措。我们把民兵变成了正规军。到处都有正规军。当我们经过他们时,我会大声发出口令:"第三排,向右看。"我们这些十五六岁的队员比别人精神得多。

1943至1944年间,我正式参军,成为一名二等兵,但我同时患上了严重的肺炎和胸膜炎。我的肺出了问题,加上各种奇怪的病症,一年后,我因病退役。我喜欢对由我负责的团队进行重新组织,我的威望比我的军衔高得多。不过,我也欣然地接受退役。我没有把从军当作我的职业,我不可能成为职业军人。我认真对待这件事,获得了成为一名合格指挥官所需的全部证书,但战争一结束,我就对从军没兴趣了。

我将永远记得看到这条新闻头条时的情景:"美国在广岛投下炸弹,铀235,一种新型核裂变铀。"迈克·贝尔纳随即打电话给我,使我想起十年前他父亲给我们讲过的睡前故事。J.D.贝尔纳曾经在核能理论领域工作过几年。他曾给我们讲过未来主义故事,我们听着像儒勒·凡尔纳①或者赫伯特·乔治·威尔斯②的故事。他讲到一种具有极大杀伤力的超级炸弹时,就提到了铀235。这些故事那时听起来像科幻小说,没想到却成了预言。当迈克打来电话时,这些事全都浮现出来。和当时很多人不一样,我没觉得原子弹的出现预示了新时代的到来。总有些事情让人以为世界即将剧变。出于兴趣,我曾花很多时间研究城堡,我想到,黑火药第一次用于在城堡的墙上开洞时,当时人们的世界观百分之百受到了颠覆,他们的感觉一定和今天我们把原子弹看作重大事件一样。

我是战后第一届工党政府的热情支持者,但让我郁闷的是,我已经到了为国家牺牲的年龄,却还没到可以投票的年龄。国

---

① 十九世纪法国著名作家,被誉为"现代科学幻想小说之父",曾写过《海底两万里》《地心游记》等著名作品。
② 英国著名小说家,尤以科幻小说创作闻名于世。

民健康保险制度是一个了不起的成就，我为之骄傲。那时很多夏山人是社会主义者，我的政治倾向难免在一定程度上受到夏山的影响。但我觉得今天不是每个夏山人都愿意自称社会主义者。社会主义这个词已经被严重误用。不能忘记希特勒是一个国家社会主义者，因此我自己在使用这个词的时候会很小心。

复员后我回到家族企业工作。妈妈很想让我读皇家戏剧艺术学院。尽管她自己擅长经商，却觉得商人不受人尊敬，不希望我从商，而且她自己曾有过舞台梦。我要上这样的学校很容易，因为各种奖学金很多，但我从没想过要当一名职业演员。我觉得背台词是项枯燥的差事。不过，我喜欢业余演出。我发现我的表演技巧在经商和讲课中很有用。从夏山获得的表演经验，特别是尼尔的即兴演出课中我学到了很多表演技巧。他在书里几次不点名地提到过我。

我对做生意感到厌倦。工厂的经营日益艰难。机器生产的网球拍即将面世，而我们还在用手工方法生产。所以，经营了十年后，我们把工厂卖给了利怀特斯，摆脱了负担。我和母亲一起进行的谈判，卖出了一个好价钱。母亲的直觉很好，而我则完成了前期的工作。

我和比蒂在1946年左右重逢。在夏山时，除了我在早餐队伍里拉过她的辫子外，我们就没有其他任何交往了。她14岁时离开了夏山。

比蒂回忆说:"战后我搬到了伦敦,开始在一家排名前十的服装店里当裁缝。我喜欢这份工作,特别是喜欢做演出服,我后来去了伯尔曼斯戏剧服装店。一群夏山校友逐渐在卡纳比街上的'莎士比亚的头'酒馆里的维琪吧聚会。夏山人喜欢相互做伴,我们能够轻松自然地互相聊天,夏山就像是家庭的一部分。罗伯特和我就是在那儿相遇的。结婚前,我们同居了一年,当时这种行为相当大胆。同龄人相继结婚,有的双方都是夏山学生,有一两个和夏山教师结婚,其他的找了校外的伴侣。一些婚姻维持了下来,另一些破裂了。即使有过在酒馆一天工作24小时的日子,我们的婚姻还是维持了下来。夏山人的婚姻成功率没有特别之处,和当时的一般情况差不多。"

如今的一些婚姻有些滑稽,倒不在于结了又离,这没什么稀奇。让我惊讶的是,为什么有人一开始就要结婚,既然同居已经不是问题,何不同居一段时间再做决定呢?

1954年,工厂已经卖了,我需要另找工作。当时我正担任燕子街工作室俱乐部的董事会主席,经理离职后我无偿地承担了经营管理工作。不久后,我受邀担任全职经理助理,同时退出董事会。

工作室俱乐部一度非常成功,但当时正在走下坡路。我决定重振俱乐部。我做的第一件事就是停止了会员制。所有人都觉得我疯了。但六个月后,人们排着队加入俱乐部。我把它变成了一个私人俱乐部,因此更有吸引力了。下一步是提高饮料销售。那时,烈性酒很贵,一杯要 3 先令 5 便士。我决定在醒目位置摆放一系列不知名的烈性酒,两杯卖 3 先令到 3.5 先令。董事会又说:"你疯了。"结果,这个做法获得了巨大的成功,俱乐部在这上面赚了一大笔钱。这是古尔班基原理,利润率虽然下降了,但销售额和利润却上升了。口碑传出去后,人们蜂拥而至。这些人都喜欢饮酒作乐,我因此想到可以卖便宜的葡萄酒。我在吧台后面放了一排不起眼的木酒桶,上面装着龙头开关,打满一大杯卖 5 先令。我会问:"想要什么?葡萄酒还是超级葡萄酒?"这个生意也非常成功,很快,我们卖的葡萄酒比其他酒馆卖的啤酒还多,从中赚了很多钱。当然钱赚起来也不那么轻松,我们要开到半夜一点,但是大家都很满意。只要是在艺术界稍有名气的人,都会到工作室俱乐部来,他们中的很多人今天已经是家喻户晓的人物。爵士乐音乐家尤其喜欢来,因为我们的驻场钢琴师阿兰·克莱尔是一流的演奏家,他们喜欢来这里参加爵士乐即兴演奏会。而我们就免费享受了这些美妙的音乐。常客包括约翰·丹克沃思和克莱奥·莱恩,斯蒂芬·格拉佩里每次从法国来也都会来造访,他无偿演奏了一两次。莱恩·戴顿在街角的皇家艺术学院学习的时候,在这里当过兼职侍应生。后来他想在皇后区找份工作,在这儿和纽约之间两头跑,所以我给他写了一封推荐信。不久后,他开始出版他的畅销书。我非常惊讶地看到他出版了《法国菜基础50课》,凭他在俱乐部里所学到的,他能对厨艺有多精通呢?但是他非常善于对材料进行策划包装。迪伦·托马斯来过几次。为期一个月的艺术展定期在这里举办。一天下午,一个男人走进来,安静斯文地坐在那儿,过了几分钟我才注意到他。最后,他选了五幅画,说:"你能坐出租车帮我把这几幅画送回去吗?"我正想说:"别逗了,老兄,我都不知道你是谁,也不知道你会不会付钱呢。"他把名片递给我,上面写着:教育部长,大卫·艾克力斯先生。我想,他大概不会赖账。

因为每晚都有音乐演出,上班虽然很累,但很有意思。随便找个由头,比如说,情人节之夜,我们就会开一个彻夜狂欢派对。我买了很多便宜的衬纸堆在墙角,然后逮到谁就让谁帮忙装饰房子,比如报纸插画家雷蒙德·杰克逊和莱斯利·格里姆斯这些小伙子们。不出一小会儿,房子就焕然一新。我会确保他们手边除了有一把刷子,还有一杯酒。他们喝得越多,设计得就越大胆前卫。我总是把他们照顾得很周到,全部的开支就是葡萄酒和一顿饭。装饰过的房子看起来美轮美奂。

这份工作持续了九年，我工作得非常努力。虽然我的性格中明显有独断的一面，但我尽力与董事会一起民主管理，和董事会主席相处融洽。偶尔我会收到一两个董事想出来的行不通的蠢要求，但是我知道，无论董事会怎么想，我都要把决定贯彻下去。1963年，一些新人进入了公司高层，气氛彻底变了。虽然报酬很高，但我不再喜欢这份工作。我决定辞职。一个著名的酒席承办人热情地帮助了我，教我怎么做酒席这门生意。除了向他学，我还去上夜校，获得了五花八门的宴席业证书。我在我的简历写上一大堆证书，这些证书加上九年工作经历（我们过去通常每天为150到200人供应饭菜），使我在申请酒厂经理的职位时具备充分的优势。我那时相信自己除了弹钢琴，什么工作都能做。比蒂和我一起申请了酒馆经理的工作（要求丈夫和妻子一起申请），然后成功获得职位。

比蒂补充说："后来我听说，他们看见我们从马路对面走过来的时候，就说我们是典型的酒馆老板的样子，可我明明没在酒馆工作过嘛。"

我们经营的这家酒馆楼上有一家中餐馆，这在当时很少见。职员住在店里，负责后厨工作，受我们管理。我们的报酬中基本工资很低，提成很高，这是英国酒厂的通行做法。我们干得很好。一天，埃贡·罗内，我们的财神爷，向我们投来了微笑。

他写了一篇夸奖我们的报道，紧接着客人就源源不断地前来，酒馆宾客盈门，座无虚席。直到文章发表我们才知道他来过。第二年，我们的提成就超过了工资。我猜酒厂一定很惊讶。

然后我们开始管理一家有30名员工的宴会酒店。我们俩都不太喜欢这份工作，但我们为酒厂赚了很多钱。这是他们15年来第一次在那家酒馆盈利。接着他们把位于帕克里奇的白鹿酒馆租给了我们。我又交上了好运。我在工作室俱乐部认识了作家杰克·特雷弗·斯托里，他在回伦敦途中顺道来拜访我。我们隔着吧台对坐神侃，喝得第二天早上不省人事。第二天，他的《卫报》专栏开篇写道："我在帕克里奇的白鹿酒馆遇到了老友罗伯特·马勒……"，马上，酒馆的顾客络绎不绝。

比蒂的视角很不一样。她说："我对酒馆生活的感情是复杂的。当店主很有意思，我从中得到了很多快乐，但也受到了很大的束缚：我们全年都没有假期，孩子们得不到足够的照顾。我反对带孩子到酒馆来，因为他们一定会被带坏。罗伯特在俱乐部工作时，孩子们还很小，我几乎不出家门。当了店主，我能见到各种各样的人，这很开心。但从此以后，我就顾不上孩子了。成功地经营一家酒馆意味着放弃自己的生活。我相信孩子们感觉到自己受到了冷落。虽然我们俩都去过夏山，但我们对孩子的教育投入得很不够。当父母是一种责任。"

我的看法与此不同。在夏山时我就认为成年人对孩子最好的做法就是不打扰孩子，让他们做自己的事情。17岁时我就已经这样想了。我对成年人的态度是："离我远点，让我自己待着。"这就是我的育儿观，我也是这样做的。但是现在我的看法变了。我很高兴能够经营酒馆，也谢谢妻子支持我。我相信，为人父母是一项特殊的工作。要是看成工作，我很可能主动退出，因为我没有胜任这项工作所需要的能力、技巧和耐心。但孙子孙女是另一回事。我很容易以一个普通人的身份亲近他们，因为我对他们不负有责任。我没有感到愧疚，因为我觉得一个人的作为不可能和他的性格偏差很大，无论一个人该做什么，他总是或多或少表现出他的本性。

比蒂补充说："我觉得没有限制、没有规则的教养方式不能为孩子的未来生活打下良好基础。设定一些合理而非惩罚性的家规，会让孩子变得坚强、可靠。"

我同意这个观点。毕竟，夏山学生也不是完全自由的。尼尔强调过：夏山不放纵。我们一开始把孩子送到了当地的学校，后来决定把他们送到寄宿学校。

比蒂谈道："我们的女儿最初上了新舍伍德学校，这所学校的目标是成为一所小型的夏山学校，但是完全不成功。学校的孩子太少了。很多孩子是周末回家的寄宿生，女儿也周末回家。

然后我们把两个孩子都送到了拉塞尔哈博戴斯皇家学校，因为我们认识校长助理，她向我们推荐了这所学校。学校位于萨里，是一所男女同校的学校，但实际上男女生是分开的。两个孩子在那里都不太快乐。我们去白鹿酒馆以后，他们去了赫特福德郡的韦尔学院。其间，女儿获得了塞巴斯蒂安伯爵设计奖，是她那年的国家最高奖。儿子接着去了布里斯托尔，学习木艺和家具制造，现在他住在那里。他们各自有一儿一女，四个孙辈都让我们感到骄傲。所以，最后结果还不错。"

租了五年白鹿酒馆后，我对经营酒馆感到厌倦了，就申请了地区经理的工作，并于1974年1月获得任命。48岁的我成了团队中最年轻的地区经理，负责25个从酒馆到高尔夫俱乐部的销售终端，为酒馆店主提供顾问服务，工作业绩出色。1980年，我在干了七年后升任高级地区经理，1981年，又升为负责零售的副总经理，管理125个销售终端和超过一千名员工。我喜欢这份工作，不过最后几年我的干劲下降了。1989年退休时，我得到了一大笔退休金。然后我们搬到了位于文哈斯顿的现在的家。我们几年前买下了这幢房子，以前这是农民废弃的几间木屋，周围有一大片田野。利用假期和周末，我们逐渐完成了修葺工作。

退休以后，我们参加了当地的业余戏剧团和园艺活动，另外，我们有一英亩多的一小块地可以打理。几年前，附近的豪斯沃斯建了一家由彩票基金资助的艺术中心，我们非常喜欢去那里观看音乐和戏剧演出。

毫无疑问，我从夏山学到了很多很多。我们制定的那么多规则使我学会了自由和放纵的区别。无论做什么，在哪里，生活就是妥协。人不可能随心所欲。尼尔开除人的时候毫不手软，他可从不打马虎眼。即使在镇上，也有一些严格的规则，例如，不能吸烟。我们在学校时也拥有一定的权力，只是不容易意识到委员会成员在履行职责时，就具有一定的权力。我后来担任候补军官时，也有不小的权力。但是，随权力而来的，是责任。

我觉得"自己动手做"是孩子成长过程中非常重要的一部分，夏山非常鼓励这种活动。我几乎会做任何东西——"买本书，学着做"。我在夏山得到了各种有益的锻炼。我的房间在刚搬进去时总是脏兮兮的，我就自己刷墙，刷得非常不错。每次放完假回来，莉丝夫人就会把我安排到一个新的房间，我知道她的用意，她想让我把所有的房间都免费刷一遍。后来我给自己的房间装了个挂锁，放假前锁牢房门再回家。

选课的自由很重要，但是激发兴趣的引导也很重要。教师应该对该学什么提供建议。尼尔认为学不好的东西就没必要学。

我觉得这个观点是错的。即使当不了杰出的演奏家,练习者也可以从学钢琴的过程中收获很多东西。

在我上学时,夏山的学术科目和美术的教育质量都很高,很多同学有所成就。夏山一直是所国际学校,这一点可以说是学校的优势。学生国籍覆盖了大约 20 个国家。那时斯堪的纳维亚人的比例最高,现在应该是日本人。

比蒂的看法略有不同:"我印象中,战前有不少十八、九岁的男孩无所事事。当然,后来他们都去参战了。现在没有这么大还在游荡的学生了。"

夏山当年的时代背景和今天已经有所不同,例如,体罚被禁止了。无法预测假如人们上了不同的学校会变成什么样子。背景和阶层会对人生轨迹产生影响。来自中产家庭的孩子更有可能成功。战前,只有中产家庭能把孩子送到夏山。不可能人人平等,会成功的人到哪儿都会成功。但是,对于那些可上可下的人,教育确实能够发挥重要作用,既能帮助他们个人获得成功,又能对社会做出贡献。因此,夏山有着重要的意义。在一个健康自由的环境中生活仍然是一种有效的治疗手段。

我们在校友聚会等场合回过夏山,发现夏山已经发生了很多变化。但是,在佐薇·里德黑德校长的领导下,校园的主旋律仍然是自由快乐的。考虑到政府曾经试图关闭学校,她为保持学校运转付出的不懈努力值得称赞。夏山展示了尼尔的教育思想的成就,在世界教育史上写下了光辉的一页。

后记(2011)

罗伯特和比蒂退休后住在萨福克郡,过着安逸的生活。他们喜欢参加品酒会。前几年,罗伯特还在当地的戏剧团体中表现活跃。他们曾多次前往印度拜访慈善社区悦榕庄,他们的一个朋友曾积极投身于那里。

海尔妲·西姆斯
就读于1942—1947年

> 海尔妲·西姆斯是受访人中唯一一个先去了费斯蒂尼奥格的学生。费斯蒂尼奥格位于威尔士,风景秀丽,二战期间,夏山撤到了这里。战后的里斯敦对比之下显得萧索破败。刚搬回里斯敦时,海尔妲颇感失望。
>
> 海尔妲受够了功课学习的枯燥。她觉得,如果留在传统的文法女校,她很可能会变成一个严肃正经的人。因为夏山实行全面发展的教育,她的人际交往和艺术创造的潜能得以充分发展,她未来的人生旅程因而走出了一种更加精彩的可能。

海尔妲生于1932年。她的父母离异后各自组建了新的家庭。她父亲比她母亲大几岁,是一个江湖郎中,在各个集市专卖药品。像他这样的游商常被视为投机者。"他的背景应该说是上层工人阶级。他是英国共产党的创始人之一,之前是平民联盟的成员,有鲜明的反资产阶级立场。"他的母亲是技术工人出身。"她是个雷厉风行的经理。"据家里人说,海尔妲的外祖父曾投资不锈钢,亏得血本无归。海尔妲早年跟着父母四处云游,从一开始的到处搬家,到后来住进了父亲的大篷车。假期时,会有五个同父异母或者同母异父的哥哥姐姐来拜访。

1939年,战争爆发,全家就搬到了诺里奇。在那儿,她母亲开始在医院里卖自己做的鱼糕,还经营了一家咖啡馆。"生意很好,我们开始赚钱。战争结束时,父母在诺福克买了一幢漂亮的房子。不过,我父亲常常说他渴望回到路上,他是个浪漫主义者。"

在闪电战中,诺里奇受到了猛烈攻击,海尔妲的父母决定把她送到安全的地方。很多本来不会去夏山的孩子因此而去了夏山。海尔妲还记得受到空袭时躲进防空掩体的情景。"我很害怕,但跟大多数孩子一样,我觉得自己不会死。"海尔妲的父母看过尼尔关于夏山的书,很喜欢书上的内容。那时的英国共产党在社会事业方面比后来激进得多,新教育思想已经提上了日程。当时很多夏山学生的家长是共产党员,有一些参加了西班牙战场的国际旅。

夏山学生撤到了威尔士费斯蒂尼奥格，里斯敦的房子被军队征用。海尔妲的父母写信给尼尔，询问他能否接收海尔妲。因为战争的缘故，学校人员饱和（孩子和成年人都有，其中很多是从纳粹德国来的难民），尼尔回复说，没有房间了。但是，海尔妲的父亲说他可以把大篷车借给尼尔，大篷车里可以睡三个孩子，这样，尼尔就同意了。

海尔妲很高兴可以离开父母，离开诺里奇，离开她的学校。"我沿路上过很多学校，最短的只呆了一天，这些学校我一个也不喜欢。在诺里奇的小学，生活枯燥无趣，让人迷惘。我对学习不得要领，也不知道该怎么做。我觉得夏山听起来是个好地方。"

1942年夏天，海尔妲和父母开着大篷车来到了费斯蒂尼奥格。"那天，日暖风清，威尔士的偏远之地景色美得摄人心魄。学校办在山谷一侧半山腰上的一幢旧宅里。房子本来是纽伯勒勋爵的宅邸，主人借给了尼尔。校园里有草坪坡地、大台阶、空泳池和一棵挂着秋千绳的大树。天气好的时候，泳池是开会的地方。周围有树林，可以在里面爬树。树林后面有一座陡峭的小山，翻过山就是村子。不远处的湖是游泳的好去处。从学校的窗户望出去，可以看见三座山峰连成的山脉，那是我们远足的地方，有时我们也在那里野营。空袭从不来搅扰我们。"

海尔妲·西姆斯

海尔妲能清楚地记得第一学期的事情。"我到学校时就是风云人物，他们给我起了一个昵称——'活百科全书'。我对身体的态度很保守，因此当我发现卫生间门没有装锁时，我又惊又恼。刚来时，人们喜欢在这些地方寻我开心，一个叫迈克尔·博尔顿的男生尤其喜欢捉弄我。因为他长得帅，我还有点喜欢他。但学期结束时，我已经放得开了，还交了几个朋友。"

海尔妲觉得夏山的成年人和她以前在其他地方见过的成年人很不一样。"他们跟你说话的感觉，就像对一个普通人说话那样自然，而且总是对你说的内容保持关注。他们不会觉得，你不应该做你现在正在做的事。慢慢地，我摆脱了成年人会怎么看怎么做的想法。我学会了享受每一天的生活。"

有一位教师给海尔妲留下了特别好的印象。她叫乌拉，是匈牙利难民，在夏山教裁缝课。"我们喜欢去她房间上课，她的房间温馨而舒适，有一种欧洲气质，很像那张弗洛伊德在维也纳的书房的照片。"受邀去教职员的房间是夏山生活的重要组成部分。

海尔妲回忆说，有些学生很聪明，很多人成年后出类拔萃。"学术气氛很浓。我很喜欢上课，上了绝大多数学术课程。"除了教学质量高，夏山还有一个优势是班级小，通常一个班不超过五六人，气氛也很轻松。

有很多优秀的教职员留了下来，也有不少人来了又走。海尔妲觉得，很多人怀着不同的个人目的而来，有一些可能不太光彩。"我想，在整个夏山历史上，总会不时有些成年人，慕自由圣地之名而来，但他们并不真正理解自由的含义，不理解他们对孩子承担着什么样的责任。他们在这里做的最主要的事大概就是为自己牟利。这样的人对孩子来说是灾难性的，因为孩子们没有受到应有的照料。"

有一些一流的教师使用正规的教学方法。夏山并不特别喜欢使用新式教学法，海尔妲十分赞同这一点。"我觉得多数学校过于强调教学法。"尼尔把这种教学法创新叫做"糖衣炮弹"。他强烈地反对那些所谓进步学校的做法，夏山把注意力放在怎么让课程更有吸引力、更对学生胃口上。在尼尔眼中，重要的是不强制学生。

过了一段时间，海尔妲才注意到尼尔。"我惊讶地听说，那个经常在房子旁边耙树叶的老头就是尼尔。"那时，尼尔受到弗洛伊德和斯塔科尔的影响，仍在进行个别谈话（为有需要的孩子提供的谈话形式的心理辅导）。"我听说他会问：'你嫉妒你兄弟吗？'或者：'你相信你是被遗弃在你父母家门口的皇室公主吗？'我的朋友维妮每周去参加个别谈话，好像她挺喜欢去的。我有点嫉妒，维妮说，只要你想去就可以去。于是我就去了。"

海尔妲·西姆斯

一天早上,海尔妲去了尼尔的房间找他,他正坐在扶手椅上。"他什么也没说,只示意我坐下。我等了一会儿,但什么也没发生。又过了一会,他点起烟斗,把火柴放在扶手上,拿起一张报纸,消失在报纸后面。我终于失去耐心,气恼地说:'你不准备问我问题了吗?''不准备。'气愤之下,我抓起他的火柴,点燃了他的报纸一角。他平静地站起来,把报纸放到地上,用他的大靴子踩灭火焰。然后只说了一句:'没想到你有这种勇气。'这就是我的第一次也是唯一的一次个别谈话。"

和很多人一样,海尔妲谈到了夏山的性别融合,夏山没有性别角色定位。女权主义者宣称男女生在兴趣和活动方面的区别完全是社会环境的结果,她认为这个观点是错的。"夏山明显没有这种压力,但男女生的区别还是体现了出来。这并不等于说男女生没有交叉的地方。很多体育活动是不分性别的。我的乒乓球打得很不错,让很多男生刮目相看。但男女生确实有各自结伙的倾向。"

海尔妲说,课程虽然重要,但更重要的是夏山生活各个方面组成的整体:优美的环境、乡间散步、海岸观光、电影、音乐、戏剧;更重要的,是人际交往和两性融合。"我想,大多数人有过男女朋友或地下恋情。我在时这些事情一直在发生,什么年龄都有。调情,换男女朋友,写情书,开玩笑之类的事情一直存在。我猜所有学校都有这些事情,但夏山在这方面更开放。"

前面已经提到,如她自己所说,她刚到夏山时对身体很保守,但这种态度很快就变了。"报道夏山的记者写的第一件事经常是裸体,而且常常是以淫秽的角度报道的。但其实身体只是你随身携带的一具行囊,非常正常,每个人都有,有什么好大惊小怪的? 当然,刚进入青春期时,人们会更关注自己的身体。十几岁的男生通常比女生自我意识更强,他们会注意遮蔽自己的生殖器。"学校对裸泳和裸体日光浴既不禁止,也不强迫,双向都不存在压力。"有的人会穿上泳装,有的人不穿,都很正常,没有人对此有非议。"

在这个如此紧密联系的学校社区里,还存在个人空间吗? 在海尔妞看来,在夏山比在其他任何地方更容易找到属于自己的时间。在夏山之外,普通的孩子没有片刻安宁。那些可怕的专制式的普通学校,存心要消灭孩子的自发活动,让他们不剩一分一秒自己的时间。除了回到家把自己关进卧室以外,他们的时间没有一刻是属于自己的。甚至,即使在自己的卧室,有的父母还想知道孩子在楼上干什么,有没有写完作业等等。在夏山,你不会感到这种压力。你可以一个人呆在房间、树林、任何地方,没有人会来烦你。

海尔妲·西姆斯

但夏山生活其实是富于人际交往的。友谊在假期延续。"泡在朋友的卧室里聊天是夏山生活的常态。这一校园风俗自然也在假期发扬光大。"

和所有人一样,海尔妲也认可学校大会的核心地位。"和多数孩子一样,我基本上每次都去参加学校大会,但我过了一段时间才开始参与发言。有的人常常只是坐在那儿,年龄小的孩子一般不发言,但慢慢就适应了。我们意识到,在会上真的可以发表自己的意见,而且会受到认真对待。大多数孩子在10或11岁开始发言,可能这正是孩子的自主意识觉醒的年龄。对于没有参加过学校大会的人,很难向他们描述清楚学校大会是什么样的。延续性和传统发挥了重要作用。新的孩子融入到既有的文化中,使文化发生微调,但核心精神保持着稳定。学校大会组织得远胜于政府议会辩论。那些议会辩论虽然非常正式,却充斥着嘘声和起哄。夏山根本没有起哄和喝倒彩。有一些违规行为会在当场受到惩罚,极端情况下有人可能会被开除。从许多方面可以看出,学校大会是非常严肃的事情。"

海尔妲觉得,很多正常的孩子会经历一个不守规则的阶段,但他们不是问题儿童。"尼尔总是说,孩子们有一个破坏期,我觉得,统计孩子几岁开始进入这一阶段,是一项有意义的工作。我敢说,这个阶段的起点一定是他们开始进入青春期并且真正形成自主意识的年龄,特别是男生。这是他们突然开始叛逆的时间点。因而,那些告诉他们该做什么,期望他们坐着认真听课的普通学校,根本不适合孩子。成年人应该明白,孩子的表现对于这一年龄段来说是很正常的。乖乖坐着并不适合他们,应该给他们尝试其他事情的空间。"

只有少数孩子是真正的问题儿童。"大家知道哪些人出了问题,需要受到惩罚和制止;哪些人只是需要一点宽容和自由空间。学校大会很擅长处理这些情况。大多数一开始存在困难的孩子,在几年时间里逐渐克服了自己的问题。"

海尔姐觉得,学校自治体的成功,很大程度上依赖于强有力的14至16岁的大孩子群体。"我上学时,大孩子们很棒,有几个非常聪明。他们善于辩论,而且能够承担起责任。"聪明的孩子能使夏山运行得更好吗?"我不知道聪明人是否更能够意识到自己的社会责任,我觉得不应轻易得出这样的结论。我想,这些人如果待在家,不一定会成为知识分子。智力不只是遗传问题。当然,我相信总体上高级知识分子家庭的孩子出问题的可能性较小,但也说不准。"

夏山的另一个重要特点是不以学业分贵贱。"在一般学校,成绩不同的学生明显分裂成了不同的团体。综合学校里有一句行话:'不是虫,就是龙。''虫'就是那些整天逃课的不听话的学生，而'龙'是乖乖待着，听老师话、按时写完作业、巴结老师的学生。而且，'虫'和'龙'互相鄙视。夏山没有这种事。功课学得好的学生和学得不那么好的学生打成一片。大家都知道他们很聪明，但这些学生不会自认为高人一等。"孩子们感觉在夏山的规则面前人人平等，也许这种感觉是大家不以学业看人的原因之一。不同年龄段孩子之间的来往也比一般的大型学校常见得多。"我们和成年人或者大孩子在一起时很自在。小孩子喜欢和大孩子在一起，因为他们能从大孩子身上学到东西，就像跟班徒弟一样。我认为这是很自然的事情。一般的教育体系有个缺陷，就是孩子们没有和不同年龄的孩子一起相处的机会，大孩子也没有机会扮演照看者的角色。夏山更像一个扩展的家庭，但又没有真实家庭中的争吵和嫉妒，因为孩子各有各自的父母，因而不存在兄弟姊妹争宠的问题。"

文化包容性是夏山的另一个重要特点。没有什么新潮、过时、高雅、低俗的讲究。"人们乐于探索生活，对事物的态度不是'太难了'，而是'试试看'。没有什么事情是不可能的。虽然不知道全部的科学原理，但也可以动手尝试。例如，学习文学的大门就是完全开放的，持有自己的看法，表达自己的观点，都是受欢迎的。"

海尔妲如饥似渴地读了很多书，包括《绿山墙的安妮》、里奇马尔·克朗普顿的"威廉"系列故事书、狄更斯和叶慈的书。除了即兴表演课,尼尔还上每周一次的剧本阅读课,在这堂课上,12岁的海尔姐喜欢上了易卜生。孩子们自己写的剧本和莎士比亚的作品都是阅读的素材。因避难而来的欧娜·盖尔组织了一个爵士乐团和一个合唱团,专门演奏演唱欧洲民歌,海尔姐是合唱团一员。周六晚的舞会上会播放路易斯·阿姆斯特朗、埃林顿公爵、内莉·拉特切尔等爵士乐大师的唱片。

海尔姐记得在夏山的最后几年是在恋爱、社团活动和演出中度过的。"我觉得女生更成熟,在团体中更多地起主导作用。"海尔姐对寄宿制持什么态度?她认为远离父母无疑是一个优势。"离开父母使孩子可以作为一个独立的个体茁壮成长。"

离校后

我15岁离开夏山,到伦敦上芭蕾学校。我学了几年,虽然挺喜欢的,但我发现自己并不擅长于此,也不打算投身于芭蕾艺术。于是我去了巴特西理工学院参加入学考试,很多夏山人都在这所学校。罗伯特·马勒经营着位于皮卡迪利大街的工作室俱乐部。一到周六晚上,我们就在那儿聚会。逐渐有其他年轻人加入到我们中间,但明显有"他们"和"我们"的区分。

海尔妲·西姆斯

我们发现他们中的很多人很幼稚，被一些荒诞的价值观所束缚。我们把那些和我们很合得来的人叫做"校外夏山人"。

考上大学后，我做过很多工作，包括在牛津大街上的一家深夜书店打工，并且第一次认真地谈恋爱。20岁时我上了一所师范学校，既是为了逃避男友，也是为了获得教师资质，使自己能找一份足以自立的工作。这期间，我遇到了五十年代初在夏山工作的教师艾弗·卡特勒，他教会我吉他。接着，我加入到了民歌复兴的大潮中。我在咖啡馆翻唱乔希·怀特和那个年代的歌，还参加了一个青年合唱团。我有小学教师资质，但只在缺钱的时候才从事教师工作。然后我遇到了我的丈夫拉塞尔·奎伊，他为爵士乐手画像，自己也是音乐人。噪音摇滚开始兴起时，我们组建了"城市漫游者"乐队。我们常常在伦敦街头演出，后来又坐着公共汽车周游欧洲，在街头和夜总会卖唱。1957年回国时，我们发现噪音爵士乐已经成了流行音乐。差不多在这前后，我也怀上了大女儿薇薇。

我们签了一个唱片合约，作了一次巡回演出。我是乐队的主唱。我们上了"6.5特辑"，这是关于流行音乐的最早的电视节目之一，后来我们定期参加英国广播公司电台的《噪音爵士乐俱乐部》节目，并且在索霍区希腊街开了"噪音爵士乐地下室"俱乐部。就这样过了几年。拉塞尔平时对财务太不上心，导致了后来的破产，俱乐部被抵债。生活突然间崩溃了。那段时间很艰难。我们离了婚，我找了一份在伊丽莎白餐厅当歌手的工作，唱一些英语老歌。此后19年，我一直断断续续地在那里工作。

1964年，我代表公司参加纪念莎士比亚诞辰400周年的巡回演出，先去加拿大，接着去美国。当我在纽约广场酒店的第九广场俱乐部演出时，披头士乐队的第一次美国巡演恰好进行到那里。披头士迷人山人海。因为我是英国人，他们就把我也当成披头士的成员围了个水泄不通。在加拿大时，我经常上电视，后来又去了意大利。回国后，我在伦敦吟游诗人咖啡吧演出。赚够了两个女儿的学费后，我把她们送到了夏山。

1967年，我开始上大学，读俄国研究，以2.1的学分绩点毕业，接着在伦敦政经学院读了三年研究生。我很喜欢大学生活，也一直都很喜欢学习。跟其他学生不同的是，我会毫不迟疑地写出一篇表达自己观点的论文，而不引用参考文献，这一定是受到了夏山的影响。其他学生不喜欢提出自己的观点。不过，到课程结束之前，我们都向彼此靠近了些，他们变得更有自信了，而我开始引用参考文献了。

1973年，我和弗里尔·斯普雷克利一起创立了"终生社区"。我把小女儿接了回来。她不太喜欢夏山。我的两个女儿都不像我那么喜欢夏山。原因是多方面的,我自己的生活不稳定产生了部分影响,而且她们去学校的时候也太小了。以我现在的观点,我不会在孩子十一二岁前就把她们送走。这个年龄前的孩子需要父母在身边支持他们。另外,六十年代时,夏山也处于低谷。尼尔已经很老了,学校教学质量下降,对幼儿又缺乏照顾。

我在"终生社区"待了两年。社区生活令人鼓舞,但是很辛苦,天气也太冷。在那里,我遇到了新伴侣,1975年,我和他一起回到伦敦。为了申请抵押贷款,我需要一份工作,就又开始当老师,这是我第一次全职地做这份工作。1976-1977年,我在佩卡姆庄园男子学校教了两年书,这是段不堪回首的经历,学生下流、野蛮,工作时间长。幸好,猎头金斯代尔把我挖到了一所混合学校。这所学校的学生文明多了,我在那儿兼职教英语。后来我学了对外英语,找了一份在西班牙教英语的工作,在那儿度过了愉快的一年。回国后,我去了一所商务英语学校。学校搬到索尔兹伯里去后,在一个企业基金投资下,我自己开了一所英语学校,专门面向商务人士,兼职经营了十年。

1990年,我的婚姻结束了。我们分了卖房所得。我虽然付得起现在房子的一大笔首付款,但还需要努力赚钱还日益上涨的房贷月供,所以我又回到了普通学校。但这次,我去了一所位于佩卡姆的私立辅导中心,这是一个专门帮助不适应一般学校的孩子的地方。夏山方法在这里收到了很好的效果,我得到了一份一周工作三天的永久工作。此外,我继续在我的语言学校兼职,业余时间还从事写作。这段经历非常愉快。但是,内伦敦区教育局被撤销后,私立辅导机构的生存受到了威胁,现在则完全消失了。但我继续从事写作,现在写作已经成了我生活中最大的兴趣所在。我已经写了三本小说,其中基于夏山思想所写的《小岛重生》(是对《蝇王》①的反驳),已经由一个小出版社出版。我也创作诗歌,最近的诗歌集是由听目社出版的《瑟琳塔》。不久前,我开始在柯芬花园的诗歌咖啡馆举办每周六晚的"诗歌与爵士乐之夜",现在改成了"第四个周五"。

我发现,公立教育并没有随着时代发展而进步。每次我陪一个辅导中心的学生回公立学校(他家人希望他回主流学校),我都希望看到情况有所好转,但从未如愿。事实上,情况似乎更糟了。我觉得公立学校已经没有希望了。如果你看到教育体系中正在发生的事情,看到人们是怎么讨论问题的,你会想:

---

① 威廉·戈尔丁著,描述在一场未来的核战争中,一架飞机带着一群孩子从本土飞到南方疏散。飞机被击落,孩子们乘坐的机舱落到一座荒无人烟的珊瑚岛上。起初孩子们齐心协力,后来由于害怕所谓的"野兽"分裂成两派,以崇尚本能的专制派压倒了讲究理智的民主派而告终。

海尔妲·西姆斯

"天啊,现在不是2004年了吗,怎么好像他们还生活在1904年?"如果综合学校分成较小的学校,引入民主制度,加上办好学校的决心,教育没准能成功。我认为这样的学校能办得跟夏山一样好,甚至更好。

有的夏山家长有点神经质,或者在某些方面有点偏激。这是夏山的局限。而一般学校的孩子,或者我工作过的学校的孩子,通常是很有希望的普通孩子,只要受到恰当的对待,他们就会成为很棒的孩子和大人。辅导中心的孩子们总是给我惊喜。他们大多被认为家庭环境不好,并且都曾是问题儿童,但当别人友好地对待他们时,他们就变得通情达理。对一些孩子来说,学校生活每天都是折磨。只要让他们远离这种折磨,大部分孩子都会恢复正常。

夏山经验有很多值得其他学校借鉴。公立学校哪怕只学夏山的一部分,也是很好的。毕竟,最重要的是成年人与孩子之间的真实联系。夏山人的行为中流露着真诚。"真诚"这个词是尼尔说的。我觉得真诚在夏山和那些进步学校中都是显而易见的,孩子们不装腔作势。然而,一般学校中的孩子似乎不得不对成年人装腔作势,不是一副恶狠狠的样子,就是娇贵得好像咽不下米饭,着实让人反感。

我想说,夏山人受到了夏山的洗脑,但这是一种包含自由选择的善意的洗脑。当然,尼尔的某些观点可能很幼稚,或者过分简单化。夏山本可以或说本该有更好的教师,但可能因为某些时期的组织方式——因为它是一个孤立的社区,或者因为缺少资金——夏山只能做到这样了。

我认为没有人做得比尼尔更好。没有人尝试过做这么激进、勇敢而又切实可行的事。夏山的基本原则——学校大会、不上课的自由、成人和孩子间的平等、不干涉他人的前提下自行其是的自由,这些想法在我听来非常合情合理。

夏山并非无所不能,但夏山确实挽救了一些来自艰难环境的孩子。我就是一个例子。如果去了传统女校,我很可能变成自命不凡、刚愎自用的人。我可以想象自己成了一个严肃的校长的样子。但夏山激发了我身上风趣、率真的一面。最重要的是,夏山教会我幸福的真谛,使我受用终生。

后记(2011)

2008年,我与人合编的诗集《水之声》出版,这些诗歌写于伦敦南部的布罗克韦尔露天泳池旁。2009年,听目社出版了我的诗集《佩卡姆印象》,内容是一个由40首诗讲述的故事;同时出版了与书配套的原创配乐CD,其中有夏山人馆小路童、卢西恩·克罗夫茨和前夏山教师莎拉·巴顿作曲演奏的音乐。

我仍然经营着在诗歌咖啡馆举办的月度"第四个周五"——诗歌和原声音乐之夜，偶尔作为特约嘉宾参加街头音乐复兴会的演出。我也写了几本小说，其中《小岛重生》（七股纱出版社，2000）是基于夏山经历写成的。

雷纳德·拉萨尔
就读于1950—1954

> 尼尔给夏山学生留下的印象有多深,留心观察这一点的人一定感到有趣。和一般创始人不同的是,尼尔刻意避免对学生强加自己的观点和影响。这正是他自己的教育理念所要求的。有人认为夏山是尼尔的夏山,猜测学校会随着尼尔的去世而告终,他们大错特错。一些早期的夏山学生几乎对他没印象,他只是一个出现在背景中的不讨人厌的家伙。但是,对于雷纳德·拉萨尔,尼尔却是一个将自己从忧郁的童年中解救出来的关键人物。

雷纳德·拉萨尔1937年生于法国尼斯,在德国占领下,他度过了幼年生活。尽管他住的山谷守卫森严,但山上还是有抵抗者,周围常有暴力发生。

雷纳德·拉萨尔

他的父母不时争吵。"虽然妈妈很慈爱、开明，但我和继父的关系不好。"雷纳德的生身父亲是一个来自巴黎的犹太画家，雷纳德从没见过他。战后，他的教育始于一个不平常却不理想的学校。"学校由一对马克思主义者管理，以共产主义理想为目标。尽管是进步学校，但非常严格。"

雷纳德的母亲在战前听说过尼尔，虽然没有钱，她还是把雷纳德和他妹妹送到了英国。她付不起全额学费，但尼尔仍旧接受了孩子们。尼尔就是这样，只要他觉得孩子能在夏山受益，孩子的父母支持夏山的理念，就不会因为钱的问题把孩子拒之门外。

雷纳德到学校时不会说一句英语，但他很快就学会了。他发现学校很破旧，而且冬天冷得过分。"对于像我这样从法国南部来的小男孩就更难以忍受了。我睡在火车厢[①]里，经常一觉醒来发现床单结冰了。"加热器常常雪上加霜。"我记得搬了一台石蜡加热器放在房间里，第二天醒来时，发现床单在滴水。我一度饱受风湿病之苦，但六个月后，我适应了这儿的天气。"

不过，雷纳德在适应天气和使用语言上的变化，和他的性格变化比起来，简直微不足道。"我刚到学校时攻击性很强，没

---

① 用作十二至十六岁男孩的宿舍。

有父亲使我缺乏安全感。"事实上，雷纳德正是他在夏山期间发生的唯一一次暴力事件的肇事者。"吉米来自美国，比我大一些，家庭环境不太好。他过去常常因为我不会说英语而取笑我。有一天，我觉得受够了。我心里的怒气全都爆发出来，把吉米按倒在地，拳头像雨点一样往他身上打。"突然，什么东西让雷纳德停了下来，他抬起头。"我们身边围了一群孩子，他们都惊奇地看着。是惊奇，而不是反对。我立即感到非常尴尬。'你们在看什么？'其中一个用受惊的声音回答道：'我们从没有在夏山看到过这样的情景。'突然间，所有对吉米的仇恨和敌意烟消云散。我站了起来。没有人因此疏远我，生活继续着，就像什么事也没发生过。后来吉米和我成了好朋友。"这就是夏山处理反社会行为的方式。"人们总是把人和事分开看。"在我的采访过程中，我听到了无数这种方式的例子——反对孩子的做法，但支持孩子本身。在雷纳德看来，这不是一个软弱空洞的口号，而是一种强大而实用的方法，一种对帮助孩子形成亲社会倾向总是奏效的方法。

另一件事对雷纳德产生了更加深远的影响，甚至可以说，这件事改变了他的生活。"我怀着画画的梦想来到夏山。从一开始我就在美术室呆很长时间，任由潜意识把我心中的阴郁表现在画里。大多数时候，我不知道我有多难过。"虽然白天时雷纳德感到很高兴，但每天晚上他都会在被子里哭。没有人知道这件事，他把心事全都倾诉在画里。他的很多画令人毛骨悚然。他记得有一幅画画了一只手，被一把血淋淋的斧头砍了下来。还有一幅画了一个狱中的罪犯，表情冷酷而迷茫。

因为他的画，雷纳德有了第一次和尼尔面对面的交谈。"一天，尼尔把我叫到了他的办公室。这是他第一次单独和我说话。

'你看起来性情开朗。'

'是啊，尼尔，我很开朗。'

'你在这儿开心吗？'

'嗯，很开心。'

'但你会在夜里哭，对吗？'"

雷纳德非常吃惊，有人竟然发现了这个自己严格保守的秘密。

"'你怎么知道？'

'我见过你的画。'"

雷纳德惊呆了。"我一下子哭了出来，内心涌起一股感激的暖流。好像尼尔能够抵达我的内心最深处，他能够理解我。从那以后，尼尔让我有了一种安全感。我把他当作我失去的从未谋面的父亲一样爱着他。后来我再也没有在夜里哭过。"

雷纳德似乎对生活中精神的和神秘的一面有着特殊的尊重。虽然大多数认识尼尔的夏山人都对尼尔怀有极大的亲切感和敬意，但他们还没有像深受感动的雷纳德这样，用一种近乎宗教式的语言来表达他的感受。"在我眼里，尼尔是一个圣人。他有一种天赋，使他能够理解他人，进入他人的心灵，爱他人，就好像他被天使的翅膀轻拂过。他的心灵是纯净的，他心中已经没有私利，只有对他人的爱。"

但夏山不是尼尔一个人的。雷纳德用热情洋溢的语言介绍了日常生活中的活力、快乐和乐趣。许许多多因素共同组成了一个有影响力的综合体：教师善于把课上得生动活泼，他们不专断、不居高临下，孩子可以和他们轻松友好地相处（其中包括艾弗·卡尔特，后来成为著名的作家和演员）；学校大会发挥了关键作用，也许这是人类历史上为数不多的真正的民主大会之一；完全没有性压抑，孩子们不但没有因此淫乱，反而培养了天然的性节制和辨别力，用尼尔好友、精神分析学家威廉·赖克的话说，这叫"性经济"。身体接触很常见。"睡觉前，年长的男孩会向所有的女孩吻安，对其中一些女孩——通常是最有吸引力的女孩，男孩会吻得更缠绵，对其他女孩，这可能只是一个仪式。但不会有哪个女孩被排除在这项仪式之外。"另一方面，雷纳德记得，女孩们有时觉得男孩很幼稚："虽然她们喜欢我们，而且也讨人喜欢，但她们有时会联合起来把男孩赶出房间。她们比我们成熟得多。"

雷纳德·拉萨尔

据雷纳德回忆,孩子们太喜欢夏山了,以至于放假时都不愿意回家。"我记得一个叫菲利浦的男孩,他抓着火车站的座位不放,叫喊着自己不想回家。他长大后成了一个很好的人。"

离校后

我15岁离开夏山,因为我想回法国参加中学毕业会考,而不是坐等普通水平[①]考试。我进了位于夏纳的一所国立高等学校——第三大学,但很快发现自己不是当学者的料。我也发现,学校里有很多残忍的反社会行为,校园的气氛充满攻击性,愚蠢至极。在我看来,那里十几岁的青少年显得很不成熟。他们做着一些我几年前就已经不屑去做的事情。我无法跟他们打成一片,三个月后就走了。我放弃了攻读学士学位的计划,转而决定投身绘画。接下来两年,我在巴黎上了一所美术学校。我发现即便是这里的成年人也大部分天真幼稚,对专业毫无积极性,而我喜欢这个专业,否则为什么要来学?我有充分的内在

---

① 全称是普通水平普通中等教育证书(General Certification of Education Ordinary Level),简称 O-Level。O-Level 考试是每年在英国和世界大约100个国家为中等学校学生主办的毕业会考。考生所获得的毕业证书为英国政府、英联邦国家及欧美各国所普遍承认。

动机,这是夏山留给我的遗产:积极工作的心态。我把大部分时间用来绘画和设计海报。实际上,我很快就能用海报设计的收入养活自己了。

我对学校里那些比我年长得多的人感到震惊。他们没有一点内在动机,而且害怕进行涉及情感的深入谈话。他们通常只聊一些琐碎而肤浅的话题。不过,他们风趣幽默、性情爽朗。我的老师也非常优秀。

18岁时,我回到英格兰,在伦敦上了中央工艺美术学校,原因之一是英格兰学费比较低,我攒的钱能花更久。第一学年过后,因为获得奖学金,我手头宽裕了。不过我还是通过做广告设计赚钱,接了很多活,其中一幅作品贴满了伦敦地铁站。此外,我还为《大使》等杂志设计封面。

慢慢地,我开始觉得通过广告劝说、诱使人花钱是错的,决定不干了。虽然设计海报也需要运用精巧的艺术手法,但我觉得它们正日益腐蚀我的绘画创作。从那以后,我就只从事艺术工作了。

在此期间,我遇到了我未来的妻子梅琳达,我们决定回到法国。回国后我以绘画为业,在尼斯展出并出售作品,然后开始接订单,但只能按要求画一种特定风格的作品。我不想这样。又一次,我决定维护创作的纯洁性,转而开始靠装饰陶器赚钱,同时以我喜欢的方式继续从事绘画，发展自己的风格。我们也用蜡染布和染色丝绸做围巾，然后卖给商店。这是一项有意思又赚钱的工作。我们在1959年结了婚。

1960年，我23岁，感到自己正在变得懒惰，失去创造力。生活需要改变了。我去了巴黎，旅费来自我遭遇事故的补偿金。此时，梅琳达怀孕了。

1957年，我收到了第一份征兵通知。当时正在打阿尔及利亚战争。我决心避战。体检前，我禁食了两周，果然体检不合格。我本来就很瘦，加上又卸下半身肉，看起来像是长期营养不良的样子。第二年，我又收到了征兵通知，我又禁食了，又获得一年的免征。在巴黎安顿下来后，我开始从事店内设计。1960年，我收到了第三次也是最后一次征兵通知。这一次，为了做到双保险，除了禁食，我在体检前蒸了一次桑拿。这一次，我获得了永久兵役豁免。

我们在巴黎呆到1965年，待了五年。我经常缺钱，因此做过各种奇怪的工作，包括为国际会议做同声传译。我能养活妻子和孩子，只是很穷。我们住在一个马棚里，马棚被改造成一个舒适的起居空间。一次偶然的机会，我进入了古董交易行业，发现自己原来很有销售天赋，也许这得益于我父亲的犹太血统。到1965年，我有了三个孩子，生活也开始好起来了。然后我们决定让孩子们在英国受教育。

我们先去了伦敦,但没有找到可定居之处,就去了布里德波特,第四个孩子在那儿出世。搬到威尔士的一个小农场后,我们依然过着穷日子。但有一次,我搜寻古董时发现一个木制天使。这个古董卖出了好价钱,因此我们得以搬到滕布里奇韦尔斯,后来我们在那儿以很便宜的价格贷款买了一幢房子。我又在潘泰尔斯石柱廊商区开了一家古董店。祖母去世后,我用遗产租下了店铺,又用其他一些小额的遗产买了商店的股份。

1967年,我的第五个孩子出生。我们一共生育了七个孩子,一个儿子后来和我一起在古董店工作。我还为很多内阁大臣和摇滚明星之类的光鲜人物做室内设计。之后,我们回到法国,我成了一名壁画家和设计师。

年轻时,我是个急性子,虽然母亲和尼尔对我产生了一些影响,但我天生有独断专制的基因。我没有完全克服这个弱点。和孩子相处时,我常常和自己的天性做斗争,但仍当不了始终耐心的模范家长。随着年岁增长,我也在进步。到有了第七个孩子时,我才变成自己希望成为的父亲的样子。我从没有打过孩子,但有时会把惹事的孩子拎出房间。夏山教会我保持本色。我会为自己缺乏耐心而生气痛苦,我的妻子和母亲都没有去过夏山,但她们比我有耐心。

雷纳德·拉萨尔

梅琳达天生更能理解夏山式的教养方式。我给她讲过夏山的理念和方法，但理论得以变成现实主要靠的是她温和的性格。

我们带孩子的方式受到了一些家长和朋友的批评，他们觉得我们太自由。我们从不要求孩子们穿戴整齐，不要求他们讲究文明礼貌，也不会因为言语冒犯惩罚他们。没有不准骂人的禁令，更不教行为规范。原来批评我们的那些人，现在发现我们的孩子通情达理、讨人喜欢。在家时，他们常常自我中心、不易亲近，但到了外面和朋友在一起时，他们温柔体贴、亲切友好。在学校，尽管受到权威压制，但他们不叛逆。有时他们对老师报以不屑，为自己和他人挺身而出。他们一般不把学校的问题带回家，仿佛想保护我们，保护他们的父母。学校有时愚蠢至极。事实上，即使从传统意义来说，我在夏山受到的教育，也要比我任何一个孩子在他们的公立综合学校受到的教育好。

我们认为不应要求孩子做任何事。我们从不要求他们写作业，但他们通常自己会写。我们从不要求他们收拾自己弄的烂摊子，但他们通常自己会收拾。可能他们反而太忍让谦和了。有一个孩子故意不让自己太和善，装出强硬的态度来保护自己。一次，他责怪我说："你把我教得太好说话了。"当然，他们非常不同。但是，他们都敢于反对他们的父亲，在各自的青春期时则互相争执。这是很正常的，他们不是天使。但重要的是你将成为什么样的人，而不是过去是什么样的人。三岁看大，四岁看老。现在，我的孩子都自信、独立地过着他们自己的生活。

我规定自己每天晚上六点就下班回家，这样就有时间陪伴家人。我们经常开派对、散步，社交活动很丰富。当然也有过困难和争吵，孩子们有各自的想法，不是每件事都能那么清楚明白、完美无缺的。孩子们得接受一个事实：我也不是全能的。

孩子们小的时候，家里没买电视机。我觉得对年幼的孩子来说，电视的诱惑太难以抗拒。在尼尔的任期中，夏山也从来没有电视机。现在夏山放了一台，我觉得那是有害的。电视侵蚀了小孩子的想象力。我的孩子们都很有创造力，他们自己发明游戏。

我没钱送孩子们去夏山。另一方面，我也希望孩子们在我身边长大。如果有一个像夏山那样的走读学校，我一定会送孩子去。对于父母住在国外，或者家庭环境不理想的孩子，自由的寄宿学校也许有必要，但是，一般来说，如果家长持有自由理念，那么普通权威学校不会对孩子造成很大的伤害。我想对家长说的话是：相信你的孩子。即使他们做错了事，仍然要支持他们。没有谁是完美的。但你要相信，孩子最后会成为最好的自己。

后记（2011）

我现在和妻子住在普罗旺斯。我们已经有十六个孙子孙女。我们的七个孩子都各自有了自己的孩子。他们似乎生活得不错，当然，他们必定也有过困难的时刻。

现在梅琳达做着陶器，我画着画。抚养孩子时，我停下了绘画这项爱好。但绘画一直是我最擅长的，绘画时我能感到内在的和谐。在家里感受自我的和谐不是人生中最重要的事吗？

最近几年，我的想法没有发生多少变化，但为人处世的方式变了。我不那么激进了，变得更温和，更理解自己的天性。我对自己对他人都更有耐心了。母亲的爱，尼尔的爱，妻子和孩子们的爱，无疑都是我今天感到幸福的原因。

由于一场事故，1995年后，我的视力严重下降，2007年起，我无法继续作画，转而开始写作。我正在写自传。

夏山学校毕业生

弗里尔·斯普雷克利
就读于1955—1963

"
忧虑孩子的未来是人之常情,毕竟,目不识丁或缺乏常识的生活将面临严重困难。然而,完全不强迫学生上课正是夏山最令人激情澎湃的一个特点,甚至,这里都没有试图营造一种提倡上课的气氛。弗里尔·斯普雷克利的故事是阐释这种教育理念的一个极富启发性的例子。作为一名自认的"问题儿童",弗里尔离开夏山时不识字,后来却过上了令很多人羡慕的富裕而充实的生活。第一次见到弗里尔时,他四十出头,健壮,英俊,头发灰白,刚与返校时认识的前夏山教师萨莉结婚,并与他们的第一个孩子在诺丁汉郊区过着平静的生活。弗里尔的家里摆满了他旅行中搜集来的古董和他二十多岁疯狂自学时读过的书籍,大多数是非小说类文学

弗里尔·斯普雷克利

作品。

> 我很难将这个和蔼的、言行自如的中年人,与他自己和当时的同学所记得的那个没教养、有时令人讨厌的孩子联系起来。他是个世家子弟,现在看来毫不奇怪,但曾经却令人不可思议,正如他的同学描述:"第一次见到弗里尔时,我以为他来自我所能想象的最粗鲁无知的家庭。"尼尔认为自由与支持具有治愈力量,弗里尔也许是这个理论最有力的证明。值得注意的是,其他几个正常而朴实的夏山人告诉我,如果不是夏山,他们大概早晚得进监狱或者精神病医院。

弗里尔·斯普雷克利的母亲来自伦敦东区的工人阶级家庭,在弗里尔两岁时去世。弗里尔的父亲大卫·斯普雷克利来自一个具有很深的军方传统的富裕家庭,家族至少连续四代供职于军队。

弗里尔(Freer,意为给予自由的人)这个名字标志着家族的斯堪的纳维亚背景,而不是如人们想象,象征着父亲对儿子的期望。斯普雷克利家族有取中间名的传统,但弗里尔的父亲打破了这个传统,就像他在许多其他事情上所做的那样。或许这一切确实跟老斯普雷克利的中产阶级反抗精神有关系。他曾在桑赫斯特担任军职,但在第二次世界大战前夕辞去军职,成为一个拒服兵役的人。他的家族立即剥夺了他的继承权。

战争期间,大卫·斯普雷克利住在一个新潮社区,这个社区把天然食物的概念引入了英国。战争结束后,他在西区当了一段时间演员。他的妻子去世后,他离开伦敦,开了一个销售有机耕作书籍的流动书店。接下来三年,弗里尔跟着父亲来往于英国各地的农业展览和大专院校,偶尔去一些学校。"我没有上过学,没有与其他孩子长期相处过,父亲也从来没有要求我去上学。我不识字,我觉得这是我感到孤独的原因之一。"

弗里尔六七岁时,父亲的新伴侣来了,和他们住在一起。"我对此非常抗拒,所以父亲决定送我到夏山,这是他一直打算做的事情。"虽然大卫·斯普雷克利自己没有足够多的钱支付学费,但他说服了地方议会支付这笔费用。弗里尔对被送走的前景感到害怕。"对这段经历我没有多少印象了。读了威尔海姆·赖希的'性格盔甲'理论以后,我想我只是为了保护自己免受痛苦而屏蔽了那段记忆。"

然而,他对夏山生活的第一天有着生动的回忆。"父亲跟尼尔去签协议了,我一个人留在原地,茫然不知所措。这时几个孩子邀请我和他们一起到大厅踢足球,那一刻我感觉很舒服。

事实上，我一点都不恋家，反倒在放假时感到恋校。"

弗里尔的父亲是这个国家最早的素食主义者之一，虽然弗里尔已经养成素食习惯，但是到了夏山，他又开始吃肉。弗里尔说："夏山的饮食非常好，供应新鲜肉类、蔬菜、黑面包和充沛的牛奶。"弗里尔感到在饮食方面夏山也是先驱。"当时，黑面包在普通面包房里还很罕见。"

在这里，弗里尔第一次认识其他单亲家庭的孩子。"在二十世纪五十年代，这是很少见的。社会观念认为，单亲抚养是错误的。我父亲也因此受到过非议。但在夏山，单亲抚养没什么不正常。"孩子们很自然地谈论这个话题，比较彼此的家庭。"有些人说他们不喜欢甚至讨厌他们的父母，父母也很少来看望。其他孩子的情况可能不一样，但我不了解。作为问题儿童，我们往往泡在一起。"

弗里尔的小团体成员都来自破碎家庭，大部分是小康或中产家庭。"我认为，许多父母，虽然赞同夏山，但如果家庭完整，大概不会把孩子送到夏山。"

弗里尔对学术科目不感兴趣，但他喜欢并参加了所有实践类的课程，如针织和缝纫（在夏山，参加这些课程完全不会被视为女孩子气），陶艺，铜器制作（与尼尔一起）和木工。"我总是在修理自行车。"陶艺课是尼尔的养子彼得·伍德开的，他曾师从伯纳德·里奇①,是个出色的陶艺师。弗里尔并未自夸,但他出类拔萃的陶艺水平曾蜚声夏山。

美术老师哈利·赫林在绘画和绘图方面给了他很多鼓励。"这些教师都很优秀,因为他们擅长自己所教授的技能。孩子们观察他们,希望向他们学习。"换句话说,许多教师首先是某个领域的爱好者,无论学生是否加入进来,自己都会练习这项技能。因此,教育与其说是传授的过程,不如说是习得的过程。同样的原则也适用于夏山的道德哲学。没有宗教或道德课,但道德可以通过活生生的生活经历传播。

除了铜器制作,弗里尔短暂地参加过尼尔的数学小组。这个小组以练习心算为重点,尼尔会讲一个故事,故事中包含大量数字,并以计算结果结尾。弗里尔觉得,这样的课在今天很可能被视为特殊教育课程。"我觉得故事很有趣,我逐渐地熟练起来,最终学会了如何得出正确的答案。"这可能是他唯一的学术教育经历。

弗里尔记得,所有的孩子都喜欢尼尔。"他很不显眼,从不干涉我们,我们也不常见到他。但他强大可靠,让人感到安

---

① Bernard Howell Leach(1887—1979),英国工作室陶艺家和美术教师,被视为"英国工作室陶艺之父"。

弗里尔·斯普雷克利

全。"弗里尔与尼尔的主要接触来自尼尔的个别谈话。"我参加过很多次这样的个别谈话。帮助你表达情感是谈话的重要组成部分。他会问你,对父母之一消失,你有什么感觉。在我的情况中,他会问我对母亲去世有什么感觉。当时的大多数家长不会与孩子讨论这些事情,我自己的父亲就从来没有跟我谈过。也许今天人们的态度更开放了。"如今,在夏山,关于父母缺失的情感表达可能发生在与很多教职员的交流中,但当时这是尼尔的专职。"这些谈话是一项微妙的工作。尽管疗效显著,但短短的时间里很难发现谈话是怎样起效的,我也永远不和其他孩子讨论这些事情。起初,我隐约觉得个别谈话是强制性的,所以排斥参加,但后来我听到另一个孩子说,他非常期待进行个别谈话,之后我就喜欢那些谈话了。"

弗里尔和其他孩子一样很喜欢学校大会。"事实上,直到现在我还喜欢参加会议。会议中的讨论使思维碰撞出火花。这样的讨论只在会议中才有。在学校大会上,孩子们理智、客观,而平时,他们几乎总是主观的。如果根据良知,孩子认为某种做法是错的,即使那个人是他最好的朋友,他也能投出反对票,而不会觉得这是对朋友的背叛,事后也不会感到难受。保持完全的客观公正,是孩子们从中得到的礼物。而我成年后参加的会议中,人们经常表现出强烈的主观偏见。"

和道德一样,在夏山,民主制度不是教会的,而是习得的。"在我开始发言之前很久,我就喜欢参加学校大会了。看其他人发言讨论也很愉快。许多年长的孩子令人印象深刻。特别是一个叫桑德斯的家庭,四个孩子都比我大,他们明理而公正,大家都很佩服他们。他们——尤其是默文·桑德斯——的水准曾被我当成评判一场争论水平的标杆。"

在弗里尔的例子里,每周一次的特别庭审格外有效。"我总是被投诉。有一次约翰尼·康登和我在偷储藏室的咖啡和糖时被捉住了。之前我们已经偷了好几次。我们得到的惩罚是每周得到一份咖啡和糖,直到学期结束。每周都有一个大包裹放在我们的房门外。奇妙的是,我们感到非常内疚,因而要求撤销这个'惩罚'。我们觉得已经受够了惩罚。这件事对我影响很大。从中我意识到:事情不是非黑即白,人的思想是复杂的。当时我们十一岁。"

弗里尔认为,这样的做法应该在社会上得到更广泛的应用。"有必要让孩子知道,即使他们做错了,我们仍然爱他们。沉痛打击式的做法是错误的,会产生更多的问题。必须把人和事分开看。"在弗里尔看来,夏山孩子的惩罚总是启迪式的,而远非以《蝇王》小说中的方式实施野蛮报复(应当指出,小说中的儿童来自于威权型社会)。"给花园翻土或者擦窗户是最常见的惩罚内容。受到惩罚时，孩子只是接受并完成它，而不会有负罪感，别人也不会因此改变对他的看法。"

但是，有一件事曾引起社区公愤。"一个美国黑人女孩与一个美国南部的白人男孩在同一时期来到夏山。在一次争论中，他叫她'黑鬼'。我想，他一定受到了他所在的大环境的影响，但无论如何，这件事情很严重。每个人都深感震惊。种族主义是一种外部强加的价值观，而不是孩子自发形成的。孩子们没有处理这种事情的经验，只能把它当成反社会行为。男孩被投诉到了特别法庭，大家对此表达了强烈的震惊和愤怒，舆论和所采取的措施非常有效，他不仅改变了自己的看法，甚至在回到家里时与父母争论，告诉他们，他们的观念是错的。"弗里尔觉得，种族歧视之类的态度，根本不可能在夏山流行。

偷窃行为在学校，尤其在寄宿学校很正常。弗里尔认为，在夏山，孩子们偷窃的动机主要是寻求刺激，而不是物质利益。"我们经常玩神偷比赛，看每人能偷到多少东西而不被抓住。我们在附近的糖果店实施了一系列突然袭击。店主不断改进防盗措施，我们就不断设计新方法来和他斗智斗勇。有一次，我们比赛每人只穿着一条泳裤和一双惠灵顿靴子去偷东西，看谁偷得多。"弗里尔记得，他们的成功率非常高，从来没有人被抓住。

这是小孩子的活动。弗里尔说，到离开夏山的年龄时，绝大多数孩子已经不再偷窃。这似乎证实了荷马史诗里的说法，偷窃是小孩子的游戏。如果十几岁后还喜欢偷窃，他称之为"用错地方的社会精力"。

弗里尔的精力用到了练习实用技能上。14岁时，他和一个朋友做起了修自行车的生意。"我们干了大约一个学期。我和哈利一起上过几次特殊英语课，但我没学会识字。我是例外，大多数孩子识字，年龄稍大后会去上课。"

15岁时，弗里尔正在享受校园生活，他没有考虑过要离开。"我从来没有想过是不是该离校，我觉得我至少会呆到17岁。在停止偷窃后，我一直很善于交际，参加了所有的委员会。我记得自己被匿名投票选为期末筹委会成员，对此感觉好极了。这是一项很高的荣誉，意味着完全的接纳和信任。"但是有一天，尼尔把他叫到一边，告诉他夏山已经没有什么可再教给他了。和其他人一样，在夏山，他不为考试而学习，但他拥有了信心和能力，并克服了自己的问题。是时候离开了。"当时我非常难过，"弗里尔回忆道，"但现在回想起来，我觉得这是一个明智的决定。"

弗里尔·斯普雷克利

离校后

我不知道外面的世界会有什么在等着我,也不知道我会做什么样的工作。那时我爸爸开了家拖车制造厂,我记得厂里的一个司机对我说:"在学校时没问题,但从那里出来后你怎么办?"在夏山时我也和别人讨论过这个问题,但因为我们都知道校友离开后找到了工作,所以我想我们也会一切顺利的。

我回到亨廷顿,住在父亲的拖车里。社会上的人生活态度截然不同,我感到了巨大的冲击。他们的很多价值观奇怪而扭曲。我曾和当地的几个小伙子一起去亨廷顿舞厅,他们对性和女孩的态度令我感到深深的惊讶和不安。和自己上床的女孩就是荡妇,而且越容易得手就越淫荡,他们一边追求,一边鄙视。这种态度很普遍。在我的第一份工作(安装电视天线)中,周围的人聊天话题常是性和女性,也是欲望和蔑视的合体。但在夏山,女性受到尊重。我们觉得女孩很了不起,因为她们更成熟,更有组织才能。性被视为健康美好的事物。有一些关于性的探索,但几乎没有性交。大家都缺乏经验。夏天,人们晒裸体日光浴,但外面的人不敢相信。每当我提到这件事,人们就会嘲笑我。他们的态度是:"这种事情根本不会发生在学校。"

我形成了对性的健康态度,这主要得益于夏山对性的开放态度和那些裸体的活动。我对两性平等的态度是真诚而轻松的，而不会以沉重的所谓"政治正确"的方式看待女权。人们对待女性的表里不一令我震惊。六十年代初的英国学校仍然有体罚和性隔离，气氛压抑，等级森严。性别与权力混为一谈。工薪阶层对权力又敬又畏，态度尤其矛盾。对很多人来说，统治女性是他们拥有权力的一种体现。相反，夏山把权力给每个人，大家就不再害怕权力，反而感到自信和平等。

没有哪个团体或性别占主导地位，影响力只和个人有关，人品好的人就有影响力。没有哪个团体强大到足以输出价值观，这一定程度上与社区规模有关。如果夏山规模更大，可能就不一样了。

工作时，我就像一个局外人，从不参与同事们的讨论。我没有足够的信心表达自己的意见。起初，我试着参与过，但其他小伙子把我说的话当作无稽之谈。人们认为我是个胡言乱语的人。无论我告诉他们什么关于夏山的事情，他们都不信。我发现，每个人都恨他们的学校，说自己喜欢学校是件怪诞的事，于是，我成了一个异类。我不清楚其他学校有多糟糕，但我很快学会不再谈论夏山。那时我非常天真。我不得不学会忍受外界的奇怪态度，学会隐藏自己的感受。我觉得我从未从这种文化冲击中恢复过来，但我只能学会忍受。

弗里尔·斯普雷克利

我花了一年时间在建筑工地工作，然后患上了严重的抑郁症，因为我不理解这个社会。我没有意识到我的病情，直到有一天父亲对我说："你患抑郁症了吗？"我想了想，回答道："对，就是患了抑郁症。"爸爸建议我换换环境。那时我已经从维尔夫那里听说过徒步背包旅行的概念。维尔夫曾是夏山的园丁，后来当了一名语言教师。年轻的维尔夫背包旅行到过西班牙。于是我买了睡袋和背包，开始了周游英格兰的试水之行。接着，我带上所有积蓄去了比利时。那年我16岁。当时我完全没想到自己会花十年时间环游世界两次。

背包旅行本身就是一个有趣的体验：与人相识，受邀与他们同住。人们慷慨热情地为我提供饮食。在头两个月，我游历了比利时、荷兰、西班牙、葡萄牙、法国、德国和拉普兰。回到荷兰时，我还剩30英镑。我不知道接下来该干什么，就回到了法国。我来到一个小镇，镇上正在举行爵士乐音乐节，在那里我遇到了很多旅行者。其中一个到过土耳其，听他介绍，那是个有意思的地方，我就去了土耳其。从土耳其我继续东行去了印度、东南亚和印度尼西亚，很少的钱能走很长的路，30英镑维持了我4个月。我也开始售卖随身财物，如手表和牛仔裤。我发现，手表可以在科威特低价买进，在印度高价售出，利润可观。我从中赚了一大笔钱。此外我在孟买当了一段时间群众演员，酬劳丰厚。在老挝时，我在美国军队的仓库工作过。

我游历了100多个国家。接着，我决定动用所有的积蓄，买一张去澳大利亚的机票，落地后身无分文。我走下飞机，然后找了一份工作。不过，因为旅行得太累，以至于在工作时都能睡着，就被解雇了。但第二天，我得到了另一份工作。我在澳大利亚待了一年，大部分时间在工作，攒了一笔钱。在澳大利亚时，我自学学会了识字。不识字一度让我难堪。在边境填写签证表格时，我感到尴尬，只能蒙混过关。看不懂广告牌和路标也让我受够了。有一半时间我都不知道我在往哪里去，也不知道我到了哪个镇。在日本时，我通过对话，教了一段时间英语，但是，当有人问我怎么写的时候，我就束手无策了。在日本，我也费了些功夫学识字，但没有特别当真。直到我来到澳大利亚的沙漠，住进拖车，帮忙建设炼铝厂时，我才有时间和机会开始认真学习。我买了一本字典和几本书，不到三个月，我就学会了识字，那种感觉好极了。

那段时光非常美好。环游世界并养活自己的经历使我充满自信。我遇到的大多数人对我的旅行感兴趣，并给予积极的反馈。六年中，我避开了所有冬季，只要天气转冷就起身上路，这意味着我可以轻装上阵。我常常睡在外面，只盖一层薄被单，穿一件衬衫和一条长裤。我在咖啡馆或好心人的家中吃饭，在

弗里尔·斯普雷克利

户外睡觉。偶尔,当我觉得需要洗澡或睡在床上时,就找一个便宜的旅馆。除了第二次环游世界时感染过一次疟疾,我从来没有生过病。

我的旅行放在今天是无法实现的。那时,我能顺利穿越伊朗和其他几乎所有国家,畅通无阻。现在却有很多限制。那时,背包客是稀罕、新奇的事物。如今人们已经开始反感他们了。

那是一段猎奇探险的生活,我不断意外地发现各处名胜(其中有些后来才知道是旅游圣地),经历各种盛事。例如,抵达里约热内卢时,那里的狂欢节恰好即将开始。在印度时,我见到了一个我认为很伟大的建筑,多年后,我看到了它的照片,发现它就是泰姬陵。我全凭感觉决定去哪里。有时我记不住去过的目的地的名字。在瑞典时有人向我问路,问他们是否走对了去斯德哥尔摩的路,但我说不清。有时我因流浪罪而被关进监狱待一晚。有一次,我在南美被关了两个星期,因为他们怀疑我是格瓦拉的游击队员。

1968年,我漫步到加州海特阿什伯里,在那儿发现了自己的标签——嬉皮士。我很喜欢加州的气氛,但我认为,许多嬉皮士试图体验的那种正是我在夏山经历过的生活,我只能算是一个无聊的、乏味的嬉皮士。从土耳其开始,我喜欢上吸烟,但我从不喝酒,从不吃摇头丸。我习惯于早睡早起,而大多数嬉皮士喜欢聊天、抽烟到深夜。

我所到之处,都能发现美国版的夏山学校。当我提到我去过夏山,这里的人反应完全不同于英格兰人,他们相信我。这么多年来,我第一次可以谈论夏山了。那个时期的美国人非常开放,易于接受新想法。这令人耳目一新。他们想听夏山的事情,把我视若名流,邀请我做讲座。

我的第一次环游旅行结束于南美洲。经过为期三天的穿越巴西之旅而来到贝伦后,我红土满身。那里是圭亚那前的亚马逊雨林的最后前哨。之前,我没有因缺少入境签证而遇到过麻烦,但这次我被关进监狱,并被责令出境。在监狱里,我认识一个美国水手,他在等船长接他回去。那是一艘石油勘探船,他说可以为我向船长谋一份船上的工作。船长同意了。于是,我就不用被遣返了。我在船上干了七个月,攒下数千元。在圣米格尔时,这份工作到此结束,我决定回家。

不久后,我又上路开始第二次环游旅行了。但这次旅行发生了一个插曲——我在加拿大被判刑。在一个节日,摄像机拍到我向一个卧底警察卖大麻。当时这件事未受追究,但我后来因为超速被拦,诉至法院,被控两项罪名。我真不该在法庭上表现得自以为是。结果,我获刑两年,同时受到驱逐。我服了九个月刑。狱中生活使我有机会思考,我要过什么样的生活。

弗里尔·斯普雷克利

环游的生活过得很愉快,但我开始感到内疚,因为我是靠乞讨,靠他人的热情好客生活的。我觉得我必须做些什么。

在七十年代初的印巴战争期间,我抵达伦敦,在那儿自愿加入"欧米茄行动",这是一个深入前线的非暴力和平倡议行动,是乐施会在战争中非常关键的一项行动。有人认为,如果乐施会远离前线,那么就相当于造成了难民问题。"欧米茄行动"就是要进入战争的核心。包括我和萨蒂什·库马尔在内的一行十人,筹集了足够的钱,买了几辆救护车,前往两国边界,就停在正在激战的军队中间。我们不仅成功地使战斗暂停了数天,也对乐施会以后采取更深入战区的行动模式产生了直接影响。

战事荒诞至极。双方的官员都为我们提供茶和黄瓜三明治,对我们同样礼貌和重视。他们来自同一地区,一起上过英国桑赫斯特皇家军事学院。把他们分隔开的,只是一条人为划定的边界线。

战后,霍乱疫情爆发。我认识的一位美国医生发明了一种简单的口服药物,可以代替通常的注射剂。我们成立了霍乱防治小队,筹集了一笔钱,招收了几个本地的医学生,前往孟加拉。我们开车从一个村到另一个村,轻松快速地治愈了数千人,假如不接受治疗,他们将死于脱水。这项工作前后大约花了一年时间。

继印度之后，我在非洲逗留了一段时间，然后返回英国。1973年，我与校友海尔妲·西姆斯一起在约克郡成立了"终生社区"。这是以夏山为蓝本的一种治疗方式，人们可以在这里待一段时间，或长或短，来释放自己的紧张情绪。社区成立了一个天然食物合作社和一家建筑企业。社区里有孩子，也有成年人。我们在社区里办了一所学校。我觉得社区是成功的。我们甚至成功地解决了一个酒鬼嗜酒的问题——人们投票决定给他足够的喝酒钱。附近有四五个夏山人。有人在这里住几个星期，也有人住上几年。社区有宽阔的场地，有旷野上的宜人气候，我认为这是社区成功的原因之一。后来我偶尔回去访问，发现社区与创办之初并无二致。和夏山一样，这里维持着自己的文化。

因为我想更积极地参与政治活动，就离开了社区，去扩展自己的兴趣范围。接着，我在利兹为工业共有权运动组织（ICOM）创办了一所山毛榉木学院。我找到一栋大楼，用从人力资源委员会筹集的20万英镑买下来，又从另一个地方借了3万英镑用于翻新，把它变成了合作社的培训中心。周末，培训中心接待商务会议，从而为培训课程提供资金。我经营了五年，直到1985年底1986年初。我每周工作七天，做几乎所有工作，包括经营酒吧。这段时间，我透支了身体，头发变得花白。我离开时,它运转良好,至今仍在运营。

因为创办山毛榉木学院的经验,我被聘请为特约顾问,与企业和合作社合作。在这个过程中,我学会了市场营销,并成为一名出色的教师。我受雇于普兰基特基金会,在海外做培训工作。然后,我决定过几年轻松的生活。

我的下一份工作是为行动研究组织写提案,考察社区的房地产企业。由于这份工作,我成立了一家社区企业,这是另一家至今仍在运营的企业。我筹集了50万英镑,雇用19人在我的社区生活和工作,看看能否发掘一些潜在的经济活力。我帮助建立信用社,创办企业,监管企业运营,并在三年后写了一份评价报告。

在此之后,我促成了房地产信托的创立。这是一个慈善机构,资产由城市或镇议会捐赠,用于开展公益项目。在这些场所,我帮助建立了许多培训工作坊。我建立的社会审计所,为英国的多个项目和几家企业服务。相对于财务审计所,社会审计所更侧重组织的环境影响、社会效果和社会目标,这增加了收益与成本概念的一个全新维度。

结婚后,我觉得我需要一份更稳定的职业,于是有生以来第一次申请了全职工作。我担任了中间技术开发集团(ITDG)下属子公司(舒马赫研究所的一个分部)的总经理,同时担任设在斯通利的海外志愿服务培训中心的总经理。于是我又开始满世界地跑,作为顾问访问发展中国家,频繁飞往纽约,为世界银行和联合国的项目募集资金。简单地说,我的工作是尽可能促成世界各地的公益项目。现在,我有了两个孩子,我不想再长时间远离家庭。

几年前,我设立了夏山之友信托基金,并且在佐薇的邀请下,成为第一任书记。我现在已经辞去这一职务,但仍然是其成员,并帮助组织暑期工作坊。

我觉得,因为夏山的结构和组织的力量,夏山已经活了下来。虽然它的内部运作是完全民主的,但它是由一个层级结构支撑的。金字塔的顶端是校长,他是最终的负责人。一些进步学校因为没有掌握这一原则而失败了。协同管理常以彼此争吵和派系分裂而告终,纷争中,他们忘了儿童的利益才是他们的出发点。同样重要的是,校长的主要工作不是教学,而是维持学校的运转。夏山要是落入教师手中,就会成为一所糟糕的学校。教师总忍不住想多教,这是他们的职业本能,要不了多久,就会有必修课出现。夏山其实首先是一个治疗性社区,而不是一所学校。这主要是应对不良的家庭教育的结果,而家庭教育实际上每况愈下。今天比以往任何时候都更需要夏山这样的自由社区。夏山给人的一大收获是,你会学会如何去学习。在传统学校学得好的学生,可能会被生活难住,但夏山教会学生的,是学习的技能。

后记(2011)

我离开中间技术开发集团后,又当了十年自由职业者,在各种组织中工作。我一直以顾问身份从事社会事业,多数时间在海外工作,在促进公益事业的发展方面为社会组织提供建议。我的客户包括乐施会和欧共体英国文化委员会。我和妻子现在住在海怡镇[①]附近。

[①] Hay-on-Wye,威尔士海滨一个著名的书香小镇。

伊桑·埃姆斯
就读于1962—1966

> 现行的教育政策被认为过于关注文凭。在把上学等同于受教育的环境中,这不仅阻碍了很多人的发展,还损害了学生的自我价值感。《夏山学校》在美国出版后,美国六十年代出现了留学夏山的新潮流,伊桑是其中最早的一批学生之一。虽然他没有大学学历,但在夏山激发的自信之下,他干出了一番辉煌的事业。

伊桑·埃姆斯生于1949年。他的父亲来自新英格兰,在加利福尼亚跟纳迪娅·博兰格尔学作曲,并结识了当时是戏剧学院学生的伊桑母亲。父亲服兵役期间,伊桑出生在华盛顿州,他六个月大时,全家搬回了圣巴巴拉。"那时,圣巴巴拉还是一个宁静的小镇,靠山临海,景色优美。我可以自由自在地玩耍。

伊桑·埃姆斯

有很多公园,家家户户都有大花园,还有一个海滩。那时候完全不像生活在城市里。"

伊桑去了一所很自由的幼儿园,然后上了一所当地的小学。"学校还可以,但回头看,我发现也有很多不喜欢的地方。因为很久都没学会'R'和'S'这两个发音,我不得已去上了发展阅读课,但我讨厌这门课。不过有很多课程是我喜欢的,尤其是历史课。我读了很多书。直到六年级我才开始反感学校。接着我上了初中,然后发现自己很不喜欢新学校。我讨厌体育,感觉就像给你打鸡血,逼你保持兴奋。我觉得那些活动太粗野,而我只想和女孩在一起。加上我还很喜欢美术、音乐和阅读,大家都觉得我是'娘娘腔'。因此,我在学校过得很糟,这正是我去夏山的原因。"

《夏山学校》在六十年代的美国很畅销。"我父母读过。我从没跟他们说过我不喜欢学校,但很明显他们能感觉到。他们能看出我受到了影响。显然,我把气出在了弟弟妹妹身上,虽然我自己没有意识到。"

孩子们不知道他们要去夏山了。"事情很错综复杂。因为他们一开始说我们要在假期时去英格兰。我们要在那儿待六个月,所以开学时我们就得在那儿上学。这是我们听到的版本。"事实上,伊桑的父母在闹离婚。"我不清楚怎么回事,总之母亲想去英格兰，跑得离我父亲越远越好。她从一个在英国皇家戏剧艺术学院的密友那儿听说了很多关于戏剧的事情，于是决定去英格兰演戏剧。这真令人激动。哦，天啊，我爱戏剧。我对历史很感兴趣，喜欢国王、王后和中世纪历史，所以非常兴奋。我觉得大家都很兴奋。肖恩当时12岁，龙凤双胞胎艾伦和亚历克丝10岁。我们对出发远行的反应不尽相同。艾伦立即开始唱反调，就像跟他的老师对着干一样。那时的艾伦常常和他的老师作对，和现在的艾伦相比，真难以想象。"

伊桑记得到达伦敦的日期。"那是1963年2月15日，那年冬天天气很恶劣，雪一直下到了三月底。那是我第一次在城市里见到下雪。我们绕着伦敦塔转了一大圈。头几天我们把圣保罗大教堂、白金汉宫等著名景点转了个遍，然后长途跋涉来到夏山。母亲在里斯敦呆了几天后回伦敦租了套公寓。"

几天时间，孩子们已经大致了解了夏山。"我从不喜欢硬性安排的游戏活动，但我不讨厌上课，所以我继续上着课。一学期后，我放弃了数学课。数学课是尼尔上的，他还在用三十年代的教材上课，而美国已经开始学'新数学'了。所以，他讲的我一个字都听不懂。我印象中，他是个相当冷酷的数学老师。他的态度是：'数学就是这样的，你必须多花工夫才学得会。'当然，这么评论可能有点苛刻。他的写作课完全是另一回事。你能在课上发挥创造力,他会帮着让你读出自己写的故事。我还保留着那时写的几篇故事。尼尔自己也很擅长讲故事。"

学校破败不堪,这是伊桑对夏山的最初印象。"南加州的气温从来没低于十多度。真是难以相信,我从温暖的家乡来到了积雪不融的英格兰,来到了这所年久失修的学校。我被安排住在火车厢里。当时里面没有暖气,只有中央室的煤炉。煤炉烧着水,我打开窗户祈盼热量能进来些,但从来没用。房间冷极了。我还记得我坐在床上,妹妹在旁边读信或是写信的情景:我们穿着呢外套,戴着厚手套,脚上盖着毯子,总之是全副武装。所以说,来夏山是一次冒险,而且是一次受罪的冒险。我想母亲一定惊呆了,她一定不敢相信学校是这般模样。严寒笼罩着整个学校。寒冷无处不在,大家随时都得穿得鼓鼓囊囊。此外大家经常聚在图书馆或客厅,因为这些地方有炉火。而教室里的暖气成了我们去上课的另一个理由。不过第二年学校装上了暖气。"

"跟那么多不认识的人住在一个房间感觉怪怪的,我过了一段时间才适应。不过我只合住了一个半学期,室友夏天离校后我就一个人住了,这得多谢我的舍管奥利。我很喜欢奥利。她爽朗、幽默、爱笑,总是愿意支持你、保护你。我不知道她是只对我这样,还是对所有人都这样。她很古怪,独自住在网球场后面的大篷车里。每天晚上,她都会放着弗兰克·西纳特拉和基德·奥赖的唱片吹奏长号。她自己过去也是夏山的学生,她和伊娜都是看不出年龄的人。奥利对我们产生了很大的影响,这一点和伊娜一样,但伊娜的影响还有校长夫人身份的关系。奥利更务实,而且人非常好。她们俩都是我非常尊敬的人。"

伊娜的儿子彼得·伍德也是一个有影响力的人,他因发疹伤寒不幸早逝。"他扮演了年轻的父亲的角色,而尼尔更像大家族的族长。这是我的感觉。我记得我曾跟妈妈说我得刮胡子了,妈妈说:'让彼得教你。'"

伊桑记得夏山有一些非常优秀的教师。"但是,完全没有参加考试的压力。不过,16岁时我参加了三四科毕业会考,并通过了英语考试。这真令人意外,因为我不喜欢英语,更不喜欢英国文学。倒不是我讨厌读书,我喜欢读书,但是我讨厌做阅读理解题。另外,我喜欢词汇题,但痛恨语法部分。当我得知我期待通过的科目没通过,反而通过了英语时,确实有点气愤。第二年(我在夏山呆到17岁),我没参加任何考试,我不想考了。我猜现在每个夏山学生都会参加毕业会考,但那时可不是这样的。世道变了。现在没有学历证书,很难找到好工作。那时学习是件相对纯粹的事情。学生是因为喜欢某个科目才去学的。关键在于,如果真想学,你会逼着老师尽其所能地教你,这样

伊桑·埃姆斯

你就能学到更多。

"那时,我们中有好几个托尔金[①]迷,我们用书里的角色当绰号。我是'戒灵',我猜是因为我是瘦高个,爱穿黑色,而且看起来很冷峻。我曾经有段时间非常抑郁,好像是十四五岁的时候,就是那种十四五岁的男孩常有的抑郁。"

戏剧是另一个重要因素。"我看了很多莎士比亚作品,不是通过书,而是通过戏剧演出。每个假期,我都会跟着身为演员的母亲去斯特拉特福或伦敦,我们因此非常熟悉莎士比亚。我看了由彼得·霍尔导演的著名的《玫瑰战争》,演员包括佩吉·阿什克罗夫特、伊恩·霍尔姆和大卫·沃纳。这部戏很令人震撼,我现在还记得当时的情景。我因此迷上了那段时期的历史。我看了哈罗德·品特的六十年代早期的作品,《归家》尤其令我印象深刻。我并不完全看得懂,但记得那些停顿和生硬的台词,这些经历对我产生了重要的影响。我对戏剧的爱好毫不奇怪,因为我父母在美国时就演戏剧,他们演过很多尤金·尤涅斯库和塞缪尔·贝克特的剧本,还有《终局》之类的前卫派戏剧。

[①] 约翰·罗纳德·鲁埃尔·托尔金,(John Ronald Reuel Tolkien,1892年1月3日—1973年9月2日),英国作家、诗人、语言学家及大学教授,以创作经典史诗奇幻作品《霍比特人》、《魔戒》与《精灵宝钻》而闻名于世。

即使我不去关心，这些消息也会自动出现在我眼前，垃圾桶里的那份报纸就登了关于爸爸的报道。在夏山时，我读过尤涅斯库的剧本《秃头歌女》和其他一些剧本。母亲回国后，我和妹妹还常去斯特拉特福看演出。到了伦敦以后，我成了剧院的常客。"

"我们常常去电影院，我记得我们看了很多伊令①喜剧。里斯敦的电影院是一个二线影院，很多电影不会上映，不过我在那儿看了罗曼·波兰斯基的《冷血惊魂》。如果看艺术电影，我和妹妹一般会去阿尔德堡。我们都喜欢看电影。因为很多学生家长住在伦敦，我们就有了校外人际网。经常混在一起的这个圈子，大家年龄差不多，一半是美国人，一半是英国人，好像没有欧洲大陆人。

"我敢说大多数夏山学生都来自知识分子或艺术家家庭。有一些学生不爱学习，但非常聪明。另一方面，有一些学生非常仇恨社会，甚至很可能患有精神病。我记得有一个学生常穿着长筒靴走来走去，背诵希特勒的演讲，而他其实是犹太人。他曾经寄给彼德·伍德一个邮件炸弹。我觉得夏山对他无能为力。他来时好像已经14岁了，夏山本来就不应该接收他。那时夏山

---

① 伊令电影公司是英国著名电影公司，全球最古老的电影公司之一。——编注

伊桑·埃姆斯

一般不接收12岁以上的孩子。我到夏山时13岁,有点特殊。因为我们兄弟姐妹四人是一起来的,不能只把我拒之门外,所以我入学的时候没遇到什么障碍。我当然也没有仇恨社会的行为。我后来倒确实变得叛逆了,因为周围人排斥我,觉得我假正经。我成了一个烟鬼。"

和罗伯特·马勒一样,伊桑也经历过夏山的独裁时期,这一次担任独裁者的是大孩子。"我觉得总体上学校大会运作良好,但有时会分崩离析、彻底失效,而且我猜任何一代夏山人都遇到过这种情况。越来越多人违反大会制定的规定,该睡觉的时候不睡觉,没有人坚持执行规定。我忘了是什么事导致了大会失效,但崩溃前发生了持续的恶化事件。我在的几年里,这样的事情发生过几次。除了有关健康和安全的规则,人们取消了所有的规则。晚上会有很多夜猫子走来走去,他们要到凌晨两点才睡。通常,一周以后,人们就会说:'重新执行就寝时间规定吧。'大家都从中吸取了教训,知道了规则和监管的重要性。但这一次情况没有好转。大会宣布取消民主,实行独裁,艾伯特·拉姆成了独裁者。艾伯特想让人明白这一政治后果:不能自治,就接受专制。变化引起了很多人的强烈不满。恶劣的影响持续了很久很久。教职员袖手旁观。我当然是站在艾伯特一边的,因为我们觉得有必要有所行动,让人们懂得行为的后果。

我认为之所以造成这种局面,是因为很多人不参与学校大会,他们根本不出席大会。那段时间真是糟透了。"

"孩子就是孩子,这是夏山也改变不了的事实。十四五岁的孩子要经历青春期带来的变化,这种生理变化对他们产生的种种影响,即使是夏山也爱莫能助。这绝对不是件轻松愉快的事情。到处都有抑郁、反社会或自我封闭的人。在这一点上夏山并无特殊之处。我觉得有一些到夏山来的孩子,其实去特殊学校会更好。人们现在大概比六十年代对儿童心理问题有了更深的理解。六十年代的心理学可能更接近精神病学,而不是心理学或社会学,社会因素远未受到重视。我的弟弟肖恩现在成了一位心理学家,我觉得他的研究正填补了这个领域的不足。"

离校后

在艺术方面,夏山没有教我什么,因为我是完全自学的。但是,从精神作用的角度说,夏山影响很大。夏山给了学生自由发展的机会,在某种意义上,也就给了学生成功的机会。当然,另一个后果是我在后来的课程中不容易按部就班地完成任务。例如,我在伦敦上课时,虽然为了通过考试而勉强忍受填鸭式课堂,但我会按自己的想法来写作业,而不是按教师希望

伊桑·埃姆斯

看到的方式来回答问题。在学高级水平[①]艺术课程时,我觉得课程作业限制性太强,因而很难完成要求。实际上我最后没有拿到艺术科目的高级水平证书,只拿到了普通水平证书。

夏山给了我做自己想做的事的能力和信念。在大学学习平面设计时,因为我只有五门科目的普通水平证书,按规定要修学高级水平艺术课程和其他基础课程,结果我学得非常好,与课程负责人和助教也相处得非常愉快。但是我很讨厌作业,尤其是写生作业,主要是因为我觉得自己画得很差。我对画画没信心,因而不喜欢和画画有关的作业。

最后,我说:"这几节课毫无意义,我不上了。"可怜的授课老师气急败坏地说:"你必须上。"然后她尖叫着向系主任投诉。我说:"我没必要学这些内容,我是班里最优秀的学生,完全不必非让我学所有内容。"系主任说:"让他继续上完这门课就行了。"最终,我的成绩名列前茅。不会画画完全不影响我成为一名出色的平面设计师。在这件事上,夏山毫无疑问对我产生了重要影响,使我有信心按自己的想法做事。

[①] 全称是高级水平普通中等教育证书(General Certificate of Education Advanced Level),简称 A-Level。A-Level 课程是英国全民课程体系的一部分,也是英国学生的大学入学考试课程。

夏山的自由氛围培养了我的创造力,正是这种创造力,使我选择进入平面设计行业。我每年都是期末筹委会的成员,每年都负责策划晚会主题,而平面设计就是要以简明的方式来表达主题。这不仅仅是创造力的问题。这儿有什么问题,好,解决它。这就是平面设计的工作实质。所以,晚会主题策划经历为平面设计工作打下了基础,虽然我当时没有意识到,但回过头来看,可以说那是平面设计生涯的起点。

上完基础课后,我在同一所大学(东汉姆技术学院)上了三年制平面设计职业课程。当时他们还没有学士学位,只有毕业证书。上学期间,我在英国广播公司找了一份假期兼职工作,从此进入了电视视觉设计的领域。我真的很喜欢那份工作。第二年,英国广播公司发给我一个助理视觉设计师的全职工作邀请,因为想把大学上完,我拒绝了这份工作。我想主修电视视觉设计专业,当时还不存在这样的专业。学校说:"我们没开设这样的专业。"我说:"没关系,我会自己设计课程,你们只要写一份授权声明就行了。"可以说我完全是自己设计了自己的课程。那时电脑还没流行,所有的东西都是手写的。虽然工作量很大,但也充满挑战,令人振奋。

我发现,其他学生对助教的态度和我很不一样。我觉得我比他们成熟得多。在很多方面,特别是在与人交往的成熟度方面，我更像授课者，而不是学生。这显然是夏山的馈赠，因为夏山就是一个学习如何与人相处，学习如何接纳别人的地方。我的职业生涯中的每一项工作，都需要团队合作。我不喜欢独自工作，我曾以为这是夏山人的特点，当然，现在我知道不是的。有一些夏山人喜欢独自工作，夏山同样培养了学生独立生活的能力。毫无疑问，夏山毕业生中有一些是完全独立工作的艺术家。

上完大学课程后，我留校教了五年平面设计。一开始我当过自由职业者。英国广播公司不想雇用我，因为我曾经拒绝过他们，也因为我未来的妻子，当时和我同居的朱莉娅是英国广播公司的职员，他们不希望家属在同一个部门工作。在我自由职业的第一年，学院的系主任请我回学校做兼职讲师，然后一年内转成了全职讲师。这多少有点别扭，因为我要给三年级学生上课，他们一年级的时候，我还是三年级的学生。过了一段时间我才赢得学生的信任，不过后来课上得很愉快。

我喜欢授课，离开教职只是因为我正在脱离所教授的内容。我全身心地投入在教学工作中，逐渐地几乎完全不做设计了。我觉得不能在这种对自己所教内容渐渐生疏的状态下继续工作，就辞职了。我不想成为古板的教授。从事教职的人容易走上"专业化"的歧途，他们精通教学法，却脱离了自己所教授的内容。我发现职业课程有一个优势，那就是毕业生比本科学生更受雇主欢迎。本科生往往徒有理论，而且自负地以为懂理论就够了。

我在夏山的另一个收获是擅长和学生打交道。有的优势是固有的，比如我的年龄和他们相近，共同话题更多。而夏山带来的独特优势是我和学生之间的平等关系。我觉得我和学生打成一片的程度，甚至出乎学生的意料。他们会觉得这种感觉有点奇怪，因而我不得不努力赢得学生的信任。他们从来没有尝试过和自己的老师保持这样的关系。他们觉得老师就是老师，老师和学生属于两个群体。让他们克服思维惯性确实是不小的挑战。但是，这种努力使双方都得到了意想不到的收获，我真的成了他们中的一分子。这正是我热爱教师工作的所在。我的一些大学同学会跟我说："你干什么不好，非要教书？你去的是什么烂地方啊？而且，你的专业那么出色，你应该做设计，干出自己的一番事业。"我的回答是，和学生在一起，是一项和设计一样需要创造力的工作，甚至，可能需要更高的创造力。这也是我现在不介意从事纯粹的管理工作的原因，和团队在一起时，我同样在发挥着自己的创造力。即使我现在再也不直接设计作品，我也觉得无所谓，因为在团队中，我保持着创造力。而且，我感到兴奋而愉快。

伊桑·埃姆斯

我认为我的管理风格中保留了平等关系。我申请这份工作时，发生了一件趣事。当时我只有五门科目的普通水平证书和工业艺术设计协会的执照。英国广播公司的经理多数具有本科以上学历。但是我的上司听说过夏山学校。人事部负责人觉得我学历不够，而我的上司说："我不看重学历。我能看出他是什么样的人，我看到了他怎么和人打交道，我知道他有管理百人团队的能力，这些才是重要的，学历不重要。"谢天谢地，面试我的是这样的一个人。这说明，你的能力可以通过与人打交道的方式来判断。

现在，作为一个大型部门的主管，我得稍稍往后退了。为了保持权威，我必须和下属保持一定的距离。如果我和员工的私交太多，他就很难把我当权威看待。我在晨间电视台的一个小部门当主管时，常在家里办大型晚餐会，工作之余会和下属一起去郊游。但是现在我不会和员工进行这样的活动了。对此我确实感到遗憾，工作使我扮演起了独行者的角色。有时我不得不做出无情的决定。担任这个职位的头三个月，我无奈地辞退了12名员工。如果和员工有私交，我就很难完成这样的工作。这也反映了夏山的一个劣势，全校只有60人左右，大家想法相近，趣味相投。到了外面的更大的世界，我才发现别人跟自己那么不同，而我只能改变自己。但是，夏山也培养了学生的灵活性和包容精神，所以我有很强的适应能力。

我真心地认为自己缺乏竞争意识。我现在知道自己能胜任英国广播公司的视觉设计部主管，但这个职位并不是争取来的。我不愿意踩着别人的肩膀往上爬，费力地追求出人头地。我完全不擅长推销自己，所以我从来没有脱离过平面设计周边行业。我不会推销东西，更不用说推销自己了。我相信这是夏山人的特点。但有一些得罪人的决定总是要有人做出的。在晨间电视台时，我跟母亲聊过这个困惑。我说有一些决定会让我得罪很亲近的朋友，我不知道该怎么办。母亲说："即使是民主制度，也有一个主席，你看，总要有人做出最后的决定。"是啊，在夏山，尼尔或佐薇，总有一个人要做出最终的决定。责任使他们必须扮演这个独行者的角色。

很明显，尼尔是对开除谁留用谁做出最后决定的人。我能感觉到伊娜也有一定的决定权，她是幕后的实权人物。有几件事我知道是伊娜做主的。我走后，伊娜开除了一名男教师。他是一个同性恋，而且和他的男友一起住在夏山。伊娜因为他是同性恋而开除了他。一种说法是，伊娜反对同性恋，另一种说法是，她为了保护学校的声誉而不得不开除他。

我不知道尼尔对同性恋的态度，仅有的线索是他的书和他那时与别人的谈话。我的印象是，他对此相当宽容，但同时非

伊桑·埃姆斯

常古板。他觉得同性恋是一种精神疾病。这是时代局限。真正让我生气的是，他说夏山从来没有出过同性恋。我不明白他怎么会这么说，他既无从知道这一点，更无法预测学生离校后会有什么性取向。同样，我不知道他这么说是不是只是为了维护自己和学校。我完全理解，对夏山的这种质疑是很难自我辩护的。

那时学校的政策是男女不能睡在一起（同性恋者当然更不能了），因为学校很怕有人怀孕，这种事会让学校立即关闭。所以，即使是异性恋的性行为，也是偷偷摸摸的。我想，学校里性行为不太多。但是大家对于谈论性爱很开放，因为那是六十年代，是所谓的自由恋爱的一代。我们讨论性解放运动，其理念是，性是美好的，性行为不必遮掩，任何类型的性爱都不应使人尴尬。当然，这和现实无关，因为人们事实上不是那样做的。我觉得无论你多开放，或者社会发生了多大的变化，青少年总是会有羞涩心理，因为这是成长的必经阶段。成年人不明白，手淫或承认手淫都是很难为情的。我记得，住在火车厢里时，上床后会听见走道外有人喊："你在手淫吗？"假如回答："不是。"他们就说："太可惜了。"假如回答："是的。"他们就说："噫，下流胚。"十多岁的男孩都会经历这种性别角色觉醒，在哪儿都一样。

我那时已经有了同性恋倾向，但这是在回过头来看时才能确定的。我大概在八到十岁时产生了对同性的性吸引，我也不确定确切年龄。我知道这一点，是因为我记得我更喜欢看十多岁的男孩子，而不是他们的姐妹。当然，我也非常清楚，十几岁时，看到男孩或男人的裸体会让我兴奋。但我从未承认自己是同性恋。那时我还不成熟。即使是夏山的教育，也不足以使我有勇气说出："哦，没错，我是同性恋，这没什么错。"我心里想的是："妈的，我不会是同性恋吧？"在夏山时，我交过三个女朋友，从来没有承认过自己是同性恋，我想也不会有人敢于承认。虽然大家都说同性恋没什么错，但那只是为了装得包容开放才说的。

直到1976年我才承认自己是同性恋。那时我已经有一个女儿了。在生下女儿前，我曾和一个男人有过婚外情，但我和妻子决定把它当成一个短暂的错误。因为那时我还不愿意承认自己是彻底的同性恋，假如有任何事可以称得上"彻底"的话。直到有了女儿后，我才意识到，我仍然对同性有感觉，而且感觉越来越强烈。最后，我和从美国来的弟弟艾伦一起去了同性恋俱乐部。艾伦也是同性恋，而且他和他的伴侣在一起已经有几年了。我相信艾伦推动了我的改变，他说："别再干傻事了，听从自己的内心吧。"对于艾伦是同性恋，我一点都不吃惊，想必，他对我是同性恋也毫不意外。或许，他比我，或者说比不

伊桑·埃姆斯

愿意承认的那个我,更了解我自己。

我和妻子保持着良好的关系,也一直和女儿保持着联系。她十多岁时一直跟我住在一起,因为这样她上中学和以后上大学都更方便。她知道我和一个男人住在一起,而且睡一个床,但她大概到十三四岁才知道这意味着什么。她好像有点介意,但不明显。她带回家的男朋友明白怎么回事,但完全无所谓。所以,她就学会了怎么跟人解释这件事。只要不是我和另一个女人一起住,她愿意为父母分别保守秘密。和其他孩子一样,她很长一段时间都希望父母能重归于好。就像她已经学会只和能接受她的同性恋父亲的男孩谈恋爱一样,我也不会和无法接受我有女儿的人在一起。所以,这又回到了包容,我们必须承认,人和人是不同的。

我愿意尽全力维护同性恋者的权利,但我不会上街游行。这和夏山人虽然都反对使用原子弹,但不去奥尔德玛斯顿村①游行是一个道理。没必要通过上街大喊大叫来寻求解决。我不对任何人隐瞒自己是同性恋,有时,为了引起注意,我还故意表现得非常明显。但我不会反复地当面向人灌输什么观点。

在任何社会,我们都需要懂得包容他人,并且理解人和人

---

① 原子武器研究机构所在地,位于英国伯克郡。

是不同的。有些事情不为主流接受,只是因为人们缺少认识。在学校,告诉孩子同性恋是正常的,不是需要担心的错事,其意义并不在于可以让十多岁的孩子立即开始同性性行为,而在于他们可以不因成为同性恋而害怕。无论如何,他们大概都不会在上学时发生同性性行为。不必告诉他们这是错的,也不必讳莫如深,使他们毕业前对此一无所知。

在这个意义上,夏山确实减轻了我的焦虑。"同性恋没什么错。"即使当时同性恋还不被接受,这样的言论意味着,在关键时刻,我不至于产生自杀的想法。我遇到过一些人,他们在承认自己是同性恋的问题上经受了巨大的痛苦,还有很多人从来没有告诉父母自己是同性恋。我确实能意识到自己的同性恋倾向,但是另一个自己会说,是同性恋又如何?话又说回来,我喜欢在同性恋圈子里,而且对哪里有这样的圈子保持关注。我不知道这是不是因为我在其他地方受到了排挤。我觉得这是因为人们把我归到了这一类里。只有在这里,我相信别人和自己有相同的感受,而无需受到质疑和误解。就好像,如果你是黑人,你就喜欢和黑人待在一起。你想知道和你一样的人是怎么想的,你们会有怎样的共鸣。但是我越来越觉得我没法和他们说到一起,因为他们就像其他人群一样千差万别。反倒应该问,为什么我们就得是一样的呢?就因为我们都是同性恋?大概没

伊桑·埃姆斯

有人敢说:"我和随便什么样的人都合得来。"即使是夏山人也不敢这么说。

我很少和夏山校友联系。难得一聚时,我们会聊很多往事。但是我们也非常清楚各自的不同。当然,这是毕业至少两年以后的事。随着时间推移,我越来越能意识到人和人的不同。对于自己和兄弟姐妹的不同之处,我现在要比小时候清醒得多。

我最后一次去夏山好像是七八年前的事。当时学校举办了第一次夏山周末聚会。我没有携眷同去,唯一的原因是我当时没有和任何人在一起。假如当时有伴侣,我不会感到为难。艾伦就带上了他的爱人,没有引起任何特殊的反响。艾伦觉得,夏山应该更加坦诚地承认学校有过同性恋,承认同性恋很正常。我是在夏山进行艰苦的宣传活动①时知道他的这个想法的。当时,艾伦说如果夏山承认学校出过同性恋,他就很乐意为学校做宣传。我觉得佐薇对他的话感到震惊。我想,对此生气是情有可原的,因为这就像在说:"如果你这么做,我就那么做。"我远没有艾伦那么极端。不过,想到学校还是不承认有同性恋,我也感到气愤。我要写信给《泰晤士报》揭发这个假相吗?我

---

① 夏山为争取教育标准办公室撤销其整改通知期间,为了得到社会的理解和支持,进行了一系列宣传活动。

也许真的会。

夏山已经有所不同,我并没有期望它一成不变。学校当然会变,因为这个世界变了。我也不希望学校一成不变。有很多方面是我希望学校有所改变的,进步一定会发生,就像现在人们更了解儿童的心理了。我希望学校对接收学生的标准定得严格一些。这就是冷酷无情的商业思维——如果你想取得成功,而且维持那些有益的因素,你就不能接收那些被所有学校开除的学生。如果接收这样的学生,他们会损害学校的利益。

我考虑过是否要送女儿去夏山。我的基本态度是,除非女儿不喜欢她现在的学校,否则无需考虑这个问题。夏山的精神就是要从你所做的事情中找到乐趣。我去夏山的唯一原因是我不喜欢我的学校。她喜欢她的学校,那为什么要转学?她有她的朋友圈子,难道要为了送她去一所自己认为更好的学校而硬生生把她从她的朋友那里拽开吗?如果我发现她在学校受到了洗脑,或者学校的政策和我的观念大相径庭,我会为她转学。但我没觉得她的学校有什么问题。我会把我的想法也告诉她,这样,她就会有多元化的信息来源。夏山的存在可以向世人展示一种不同的教育方式,这是夏山的意义所在。

对我来说,夏山代表了包容。这是我回忆中的关键词。包容自己所处的环境,包容他人。我懂得,我能够改变自己的生活方式，但不能改变世界。我可以尽自己的绵薄之力，也可以闭嘴过好自己的生活。很多人觉得我不正常，可是担忧又有什么用？我改变不了世界。过好自己的日子，学会享受生活就够了。明天又是新的一天。即使我被解雇了（我已经被解雇过两次），地球照样会转。又或者，我变得有钱有势，生活优越，那又如何？我不能这么说教一番，就让煤矿工人或者什么人接受我的观点。但是，每一个明天都是新的一天，对于接受这个生活哲学的，那些包容豁达的人，生活一切如故。

后记（2011）

在担任了五年视觉设计部的主管后，我于1999年离开了英国广播公司，回到位于伦敦南部的瑞文斯博设计学院教动画设计。我又回到了学校。我发现夏山的经历仍然影响着我对教学的态度。如果你和学生平等相待，学生就能够发挥出最佳的潜能。传承和延续的感觉让人兴奋，也有点怪诞。我教过刚任教时教过的学生的儿子，也教过夏山毕业生。

我仍然和我的伴侣罗伯特幸福地生活在一起。在共同生活21年后，2009年，我们登记结婚，并使用新的姓氏查普曼-埃姆斯。

我的女儿塔西塔结婚了,生了儿子。我们的外孙现在已经五岁了。塔西塔在纽约当服装设计师,为卡尔文·克莱恩工作。她有时会雇佣艾伦,他和我们仍保持着紧密联系。妹妹亚历克丝住在加利福尼亚老家,育有两个孙子女。弟弟肖恩不幸已于2003年去世。他女儿佐薇跟塔西塔和亚历克丝的儿子关系很好。

自从1996年第一次接受采访以来,发生了很多变化,也有很多事情保持着原貌。重读当时所说,我没有发现任何需要修改之处。毕竟,几年时间只是时间长河中的匆匆一瞥。如果非要说什么,那就是,在当下的教育大环境下,我会更支持夏山。那时我们不用强制上课,但我们学得比现在的公立学校的学生多!我现在变得圆融了很多,不那么固执了,但我猜那些认识我的人会觉得我越来越像倔老头了!

戴恩·古德曼

戴恩·古德曼
就读于1962—1972

"有人认为，不强制上课的夏山不可能培养出任何有文化的人，更不要说培养出学者了，戴恩·古德曼是推翻这一谬误的又一个例子。她既在夏山上学，也在夏山教书。她获得了教育哲学博士学位，学位论文很大程度上是在夏山经验的基础上写成的。在采访过她之后，我遇到一位曾在六十年代访问过夏山的美国教师，他说戴恩给他留下了深刻的印象，她能看穿事物的本质，问出精准的问题，用他的话说，她是一个了不起的少年哲学家。"

据我所知，戴恩·古德曼是唯一一个母亲和自己的孩子都在夏山上学的人。戴恩可以说是生在夏山的。她十天大时来到了夏山，在母亲和父亲分居后，母亲回到夏山当了舍管。母亲再婚后，他们住在离夏山 12 英里远的地方。"我们是夏山的常客，"戴恩说，"伊娜带大了母亲，所以回学校就像回外婆家。"

戴恩上过当地的一所小学，但不太喜欢那所学校，原因之一是她每天要骑来回 2 英里的路，"那使我萎靡不振。到现在我也不喜欢跑很远去上班。就文化而言，那里好像是另一种生活，不过我并不特别讨厌学校。"尽管她很快学会阅读，总体上对学校的功课也没有遇到困难，但她觉得自己在某个方面和别人不一样。"我不害怕成年人和教职员。因为我从小就在夏山长大，我习惯了把自己当成一个和他们平等的人。"

在戴恩看来，那些年龄较大才到夏山来的学生会感到不安，而那些较小就来的，如果家庭环境很健康，就很容易适应夏山。"他们不会不习惯。我认为尼尔关于想家的孩子是在家里不幸福的孩子的理论是对的，如果你有强大的、幸福的、充满爱的家庭，你大概根本就不会回头看。如果我的孩子们一点都不想我，那说明他们过得很好。"

除了尼尔和他的两任妻子，长期在夏山工作的人很少，在夏山历史上只占极小的比例。乌拉·奥特就是这极少数之一。在戴恩和很多人的印象中，她是一个成熟稳重的人，也是一个缝纫高手和出色的手工课老师。"每天下午，别的课已经停了，只有乌拉的教室一直开着。我对她的手工课很感兴趣。她的课为我打下了很好的基础,在后来参加教师培训时,我是班里唯一一个会编竹篮、织毛衣、做衣服的人。只要说得出来的东西,我们就能和乌拉一起做出来。"戴恩记得在乌拉的课上男孩女孩总是在一起,这是夏山男女平等的又一个例子。"在学校时,我从来没觉得男女地位有什么不同,离校很久后我才意识到这种差异。"她说乌拉的课上最有天赋的学生是伊桑·埃姆斯和他的弟弟妹妹。"埃姆斯兄弟可以仅凭想象就织出一件毛衣,真不可思议。他们能在脑子里构想非常漂亮的作品,然后把它做出来,而且做得美轮美奂。埃姆斯一家演过一出木偶剧,精致极了。所有工作都是他们自己做的:搭舞台、做木偶、写剧本。他们的才华简直让人嫉妒。"

在戴恩印象中,伊娜是一个"管家婆",她强势,能干,精力充沛,组织能力强,有时也有点吓人。"她有啥说啥,毫不留情,这有时令人难堪,但年纪小的孩子可以接受这种风格。"尼尔却正相反,虽然学生能清楚地记得他,但他并不常出现在学生的日常生活中。"就我所知,他是在你需要把一根大树枝砍下来时才会想到的人。"戴恩读过很多尼尔粉丝的来信,她觉得非常有意思。"尼尔有段时间每天都会收到大量明信片,他就让我帮他筛选剪辑,这是我最喜欢干的差事。"尼尔每天会读来自世界各地的信件,主要出于两个目的。"一方面这证明了他的工作的意义,另一方面,他需要跟进教育界的进展。"

戴恩强调,在孩子眼中,尼尔不是什么了不起的人物。她用了一句很多夏山人用过的话:"他只是尼尔。"夏山也不是什么了不起的地方——"夏山就是我们生活的地方,我不觉得还有什么别的含义。直到离开学校,我才发现夏山的特殊意义。"周六下午,戴恩喜欢听尼尔向客人讲话。那时,学校的访客人数比学生人数多好几倍。"他们从世界各地前来拜访尼尔先生。每周,他们都会问相同的问题,而尼尔也总是作相同的回答。我没觉得那些回答不同凡响,那只是尼尔做过的事。"戴恩喜欢坐在下面听,因为她很好奇这些成年人想知道什么,结果她发现,他们总是问一样的问题。

"直到很久以后我才意识到尼尔是一个多么健谈风趣的智者。他在佐薇婚礼上的演讲是我记得的唯一一次把我逗笑的演讲。他讲得太好了,非常幽默。"戴恩觉得,虽然尼尔是一个有才华的演讲者,但是在电视媒体上的效果却不好。"真遗憾,他太聪明了,电视台主持人理解不了他。"也许这多少解释了为什么尼尔的教育理念没有像很多人认为的那样受到应有的重视。

戴恩喜欢听尼尔讲故事。"但是我觉得最有趣的还是即兴演出。我们常常自己写剧本,尼尔偶尔也会写。有一个剧本是一个警察潜入了一个团伙,最后发现这伙人全是警察,级别一个比一个高。我记得他站在舞台后面喊:'大声点,大声点,听不见。'这就是他指导你的方法。"

教师各有各的特点。"有很优秀的教师,也有很变态的教师。夏山招到的疯子不比其他地方少。只是,夏山的孩子可以大声地说出自己的不满,而不是像其他学校的孩子那样默默忍受。"教职员的流动率很高,主要的原因是报酬很低。"如果你想过正常人的生活,比如成家立业,你就很难久留夏山。所以,教师的任期长短对于夏山来说不是一个合适的衡量指标。"有的学生比别的学生对教学的要求更高。戴恩觉得"很多教师都棒极了,有人觉得六十年代的教学质量下降了,但我上了所有的课。有些人觉得上课没意思,有很多别的有意思的事可以做。但我的兴趣一直在课本上,所以上课一直是我的首选"。用戴恩的话说,她是一个书虫。"我基本上读遍了图书馆的书。很久以后,我惊讶地发现,很多我早已读过的书,其他人才刚刚准备读。有一本《麦田里的守望者》我特别喜欢,我觉得写得太好了,清晰简洁,信手拈来。书里经常用'扯淡'这个词,但那不是故意哗众取宠,而是语境需要,用得恰如其分。"

夏山相对较晚才装电视,显然,前几届的学生投票决定不装电视。然而,这个"通电的毒品"并没有像人们担心的那样带来灾难性的后果。这也许可以说明,青少年沉迷电视,只是因为无聊和消沉，而不是因为"电视有毒"。戴恩回忆道："周四晚上，全校学生都会看电视——《明日世界》《流行金曲榜》《秘密特工》，但也仅此而已。"

除了书以外，舞蹈和艺术是戴恩的主要兴趣。她后来修了一个艺术教育学位。值得一提的是对不同儿童和不同时期的教学风格的区别。尽管美术老师哈里·赫林的非侵入式教学法适合像雷纳德·拉萨尔那样的小学生，但对戴恩和她的同龄人却缺少启发性。"我十三四岁时，一个叫罗伯特·琼斯的小伙子来到夏山，他非常聪明，是个非常好的教师。一大群学生都上了他的课，其中有几个后来还进入了艺术领域。夏山的一个规律是，如果你确实是好老师，而且你做的事情看得见摸得着，孩子们就会加入到你的行列中。罗伯特经常自己画一些画，我们很喜欢看他画画。"戴恩自己当教师后也运用了这种方法。"如果我想让学生做某件事，我就先自己做。这样，我就可以和学生分享经验，从而与他对话了。"

正如海尔姐·西姆斯指出的，夏山的很多优秀教师使用正规的教学法。罗伯特教学生透视法，而当时公立学校和美术院校正鼓励学生自由创作。"罗伯特教我们怎么绘画。那时，夏山还没有人说过：'事实上，这件事可以用一种正规方法做，我可以用一个下午就教会你。'夏山只是说，要给孩子自由，让孩子按自己的方式做自己想做的事，诸如此类。这没问题，但得有一个度。总是重复发明车轮又有什么意义呢？"他的很多学生后来获得了美术学位。戴恩记得，她后来去学美术基础课程时，面试她的系主任对她的画印象深刻。"在我看来，那只是很普通的一幅画，但在他看来很了不起，因为大多数孩子其实不会画画。从来没有人教过他们。"

戴恩说，夏山的大班生课更像大学的助教课，而不像中学课堂。"上课可以聊天，课后可以在自己的房间复习。如果想了解某个具体内容，我们不必在教室里浪费时间。"戴恩喜欢去教室的原因是她喜欢和大家待在一起。"教室是一个很好的社交场合，可以聊天，可以共同做一件事。我喜欢在班里一起读剧本。我可以用新的方式交流看法，用新的方式思考问题。"

另一大乐趣是听大家朗读故事。有个教师给大家从头到尾地念希腊神话。孩子们一边听故事，一边画画或针织。这种方法也用在了毕业会考课程的学习中。"大家边听着别人念莎士比亚，边做着自己的针线活，轮到你读的时候，你就放下手上的活。有意思的是，当你再拿起针线时，你已经能全部背下来了。也许，这是因为当你在听的时候，你也在做针线活，当你再次拿起针线时，当时的回忆就全部出现了。很神奇。"鲁道夫·史代纳①等教育家也强调过记忆(以及语言和数学技巧的提高)与操作性技巧,如针织刺绣的紧密联系。在夏山,这种做法似乎是自发形成的。

在夏山时,戴恩的主要运动是骑马。"我常常带着我的小马回到学校,佐薇有马棚。这可以算我的特权,听起来真像《马洛塔》(*Malory Towers*)②。假期时我也会骑马,因为我住在农场里。"

夏山经历塑造了戴恩对艺术,特别是电影、戏剧和小说的态度。"我不爱看不能引起我共鸣的作品,尤其受不了那种故弄玄虚的小说,那和我的生活联系不起来。我不太爱看戏剧,我也不知道为什么。可能是因为我觉得那不真实。台上的人不是真的想说那些话,他们只是演员,我好像很难忘记他们是在演戏。除非台词本身很有趣,而和是谁说的没关系,我才会沉浸到剧情中。"萨特的《秘密进行》(*In Camera*)就是一个例子。"那是我最早喜欢的戏剧之一,我喜欢戏剧传达的理念。对莎士比亚的戏剧也一样。如果一定要说我是什么样的人,我觉得,我

---

① 华德福教育的创始人。
② 英国著名儿童文学作家伊尼德·布莱顿的六部系列小说,故事围绕康沃尔海滨的马洛塔寄宿学校展开。

戴恩·古德曼

是一个看重思想性的人，希望这样听起来不是太自负。"

似乎很多夏山学生到十六七岁时已经准备好人生起航了，他们喜欢到更广阔的世界去。夏山人不想总是做自由自在的孩子。正如戴恩所说："在夏山的最后一段时间，我觉得无聊透顶，我已经准备好前往下一站了。穿同一件T恤，上同一辆公交，待在同一个地方，那将成为历史，我要去闯新世界了。"

离校后

直到上大学读教育学学位时，我才喜欢上哲学。和哲学的结缘出于偶然：大学最后一年，我得整理各种观点为写论文做准备，碰巧，我去听了一节哲学入门课。当时的情景至今历历在目，非常生动。令我记忆犹新的，倒不是上课的内容，而是上课的环境。那是一个傍晚，一缕阳光射进教室，尘埃在阳光里飞舞，上课的内容大概是相对主义，因为我记得老师说："好，现在你走在沙漠里，金子和水，哪个更有价值？"就这么一个简单的问题使我想到，人的行为是可以用这种方式解释的，我们可以把事物分解开，观察其内在。我感到兴奋。我突然想，既然对此感兴趣，何不进入这个领域？以前我会应付助教，因为我和他们对教育的看法不太一致。我理解不了他们对孩子的看法，我想，假如我了解他们的经历，假如我上过他们的那种荒唐而可怕的学校，也许就能理解了。直到学了哲学，我才突然想到可以这么说："结论只在某种前提下成立。在这种前提下是这样的，在另一种前提下就是那样的，就像我看到的那样。"突然之间，我找到了工具，哲学就是我表达自己观点的工具。所以，我把哲学作为最后一年的主攻方向，并且此后一直没有脱离这个方向。1993年，我获得了博士学位。

简单来说，目前我的工作是培训医学院教师，教他们教育理论。我希望逐渐能直接和研究生、私人医生、高级私人医生一起工作，因为医生随时在接触新的东西，我想了解最新进展。同时，医生本身也是教育制度的受害者，所以我希望走近他们，看看他们是怎么学的，然后尝试用不同的方法来教。诺福克的医生说，他们的学习方法效率很低，浪费了大量时间。例如，有时他们只是因为导师会问而学一些东西，那种情况下，学了也很快就会忘记，学习对他们来说就没什么用。如果他们总是疲于应付，那么他们就什么也学不会。这就是实习医生的现实，但给他们画的大饼却诱人至极。

"效率"这个词听起来像是机械学的词汇，或许可以换一种说法，我希望他们能够通过学习达到自己满意的目标。我一直对人们怎样学习感兴趣。在还很小的时候，我就帮过另一个女

戴恩·古德曼

孩学字母表。我花了不少功夫，发明了各种助记法来帮助那个可怜的女孩，并乐此不疲。

那年离开夏山后，我去了美术学校，因为一直擅长于此，所以去那儿是顺理成章的事。但我并没觉得美术是自己想投身的领域，美术里没有什么等着我去解答，我只是像完成任务一样去做而已。我觉得自己学得不是特别好，而且没得到攻读美术学士学位的机会，所以我想："哦，我到底该干什么？"为了搞清楚这个问题，我开始申请各种学校，然后找到了教师培训学校。就在开学前一天晚上，我去了一所师范学院，结果他们接收了我。那里再适合我不过了。我又回到了自己感兴趣的领域——人们是怎样学习的。这下我的人生有了清晰的方向，真是幸运。

我的学位课程分为两部分，艺术部分和教育部分。很快我就觉得教育部分更有趣。因为我的美术功课很好，所以艺术部分学起来毫不费力。当时是1975年，尼尔和霍特[①]的理论正逐

[①] 约翰·霍特（1923-1985），作家、教育家、演说家，著有《孩子为何失败》、《孩子是如何学习的》、《失败的学校》、《永远不太晚》、《学而不倦》、《学习像呼吸一样自然》等作品，并主办杂志《无须上学的成长》。他倡导顺应儿童天性的教育方法，毕生致力于关注和分析儿童的自然学习行为。他强烈抨击美国教育制度的弊端，是美国"在家上学"运动的积极推动者。

渐受冷落，他们的书不再出现在指定阅读书目中。当然了，助教都知道他们。上学期间，他们请我做过一次关于夏山的主题发言。让我惊讶的是，学院自我感觉良好，而我觉得学院简直是"恐龙王国"。在我看来，无论什么时代，大多数教育者根本就不了解儿童，他们又怎么会了解呢？他们从来没接触过真正的儿童，他们只见过"疯人院"里的孩子，他们把这个"疯人院"称为"学校"。

第一次实习，我去了达利奇的一所看起来很不错的小学。到一天结束可以放学的时候，孩子们一个个疯了一样冲向门口，假如那时门口有人，他恐怕要被撞死。这是我第一次见到像动物一样的人。孩子们太压抑了，平时教师总是要求他们一个桌子一个桌子地离开，最安静的桌子先走之类的。当时的场面真让我大吃一惊。在教工办公室，称呼方式令人瞠目。我们得叫教师们"小姐"，而不能叫她们的名字。当然了，教师之间是以名字相称的，但我们还只是前来实习的学生。我倒不介意这么叫，反而觉得叫她们"小姐"更舒服，因为这样可以和她们保持距离。

第二次实习，我去了新十字中学。那是一所很严厉的中学。他们刚刚恢复正常上学，因为之前发生了很多起学生攻击老师的暴力事件。但事实上，暴力事件并不仅仅是因为严厉，孩子

戴恩·古德曼

有很强的适应能力，仅仅是严厉其实还好。孩子的暴力是对暴力行为的反应，无论那种暴力是通过肢体表现出来的，还是其他形式的。对于在那里实习的师范生，他们当然要试试你。在上美术课时，几个小伙子问我："老师，手淫是什么意思？"当时我的导师也坐在教室里。我说："自己玩去。"我既不准备讲解露骨的细节，也不准备回答他们。他们只是想看看我会作何反应。

我觉得孩子们希望感到老师对他们是真诚的。有时，如果你开朗外向，就容易让孩子产生信任。但也有很多优秀的教师很内敛。我觉得如果你真正对对方感兴趣，对方一定能感觉到。但大多数教师往往对孩子没兴趣，孩子对他们来说是麻烦制造者。

我早就知道别的学校和夏山不一样，但不知道它们到底是什么样。小时候，和外面的孩子聊天时，我无法体会他们看到一个大人走过来时的心情，到很久以后我才理解。他们的经历对我来说就像传说，你知道在遥远的某个地方，正在发生着那样的故事，但要产生切身体会还是很难。我很难相信人们真的会做出那种反应。那是因为恐惧。人类仅仅会因为自己所处的位置就感到恐惧。我会因为受到人身威胁而害怕，但绝不会因为一个人有权势就害怕他。也许有人要说，很多孩子不是充满恐惧，而是充满怨恨。但怨恨也是一种恐惧，怨恨是对恐惧的反应。

惧怕学习是一种很常见的情绪,不仅在学校还是在任何地方,任何人学任何事时都会有,畏难情绪是学习中最主要的一种情绪。但夏山没有。虽然有过一些事情令我焦虑,但都能设法让自己平静下来。夏山和其他地方的不同之处在于,在夏山没有产生恐惧的理由,而其他地方的人确实有令他们恐惧之处。教育制度依赖于学生的恐惧情绪。和我相比,其他人和别人交往时更容易感到恐惧,也更容易受恐惧驱使而与人交往。

打个比方,假如你是盲人,那么你对道路、走道了解得再清楚,也总是会伸手去摸。而我能看见道路和走道。我能看到我和别人的来往会对别人产生什么效果,我能读懂他们的情绪信号,这些信号就像一种语言。我不是盲人。当然也许在这方面我有点头脑简单了,也许我以为自己能看见,结果走着走着,砰地一声撞上了我看不见的电线杆。但我觉得,人们好像很担心别人会怎么看他们,而我基本上知道别人会怎么看我,我能感觉得到。所以不用自己跟自己较劲,费劲地去猜别人是怎么想的。我相信我能读懂别人的情绪。

在夏山,事事都摆在明面上,就像底牌一直亮在台上。夏山是一个很小的社区,在连续十二个星期里,你都要和其他人朝夕相处,自然相互非常了解。如果你把这些人当作了解其他人的样本,你就能获得一幅准确的画面。大多数人没有这样的机会，他们最多能和自己的家人建立这种联系，甚至，因为家庭矛盾，在家人之间也达不到这种了解程度。并且，家庭成员间的情感依赖很强，可能使人忽略很多方面，我就记得我常跟我妈说："别总跟我说因为这所以那，这样我就无法自己思考了。"但我在跟同龄人相处时不会有这种感觉，没有谁的观点那么重要，以至于使自己的思考受到局限。

学校大会是社区的核心，是成员的公共生活部分。校园生活的一部分是个人的，例如去不去上课，这部分决定的后果是由你自己承担的。而学校大会代表了公共生活，大会上的决定将影响到所有人。如果我投票赞成所有人都晚睡（这真的发生过），这可能意味着有人会过度疲倦，也可能意味着期末到了，大家可以尽情享乐了，诸如此类。不管怎样，你有机会看到你所做的决定如何影响到其他人。学校大会也是一个信息网络。如果你没去开会，就会错过一些最新情况，就不知道下周会发生什么。所以，获得信息成了大家参加大会的一个理由，就像要投诉别人也得参加大会一样。大会也是一个社交场所。听别人对某个问题的看法很有意思，即使你不发言，你也能在会上了解到大家对甲乙丙的事是怎么看的。而且你会知道，如果想干某件坏事，可能会有什么后果。我在会上一直很踊跃，觉得参与大会发言是很美妙的事。

夏山生活是一段自我发现之旅,你会逐渐了解自己。今天在那儿的孩子换了,外面的世界也不同了,但夏山依然如故。假如回去生活,我知道自己该做什么以及该怎么做。夏山也提醒我们思考:这只是一种手段巧妙的价值观灌输方式吗?即使夏山培养了学生的可贵品质,发展了学生的人格,提升了学生的幸福感,夏山的方式也仍然是一种灌输价值观的方式。但是,夏山灌输的是一种道德观:绝不故意做任何伤害别人的事。这很好,因为我希望生活在一个在乎我,也值得我在乎的集体中。夏山就是这样一个地方,和其他夏山人共同生活的日子非常美好。但也许有人会说,这种道德观只是让你学会了忍受痛苦而已,如此这般。

对自己,对世界,我时常感到绝望,因为在很多情况下无能为力。在工作中不得不与之共事的人,也常常使我感到心灰意冷。那些人丧失了想象力,徒有权势。还有一些人觉得像我这样的人是一种威胁,因而排挤我们。但是,另一方面,我也反思自己,告诉自己,如果这样的事情不断地发生,那么我自己一定出了问题。适应或改变,是个两难的选择。

我并不喜欢深思生活的意义,我不介意生活的无意义,意义不重要。人类是一种社会性动物,个人是社会的一部分。我并不觉得人活着是为了什么特殊的使命,或者人死后会留下什么。这类想法不会给我动力,也不会妨碍我做任何事。

今日夏山与以往的一个不同之处是,现在人们对夏山有了某种预期,因此夏山有了超乎寻常的压力。尼尔出名时,他已经创办夏山四十多年,而且当时的文化革新思潮赞同尼尔的教育理念,他自己就是新思潮中的一部分,很多人自然而然觉得夏山的理念很棒。尼尔不需要维护夏山,他只要宣传夏山就行了,而佐藤校长则处在维护夏山的位置上。但是,事实上,夏山不仅可以为主流教育提供借鉴,还可以为深入理解孩子和孩子的潜能创造机会。可惜的是,夏山并没有拿起大喇叭说,我们已经开办七十多年,欢迎大家来与我们交流经验。

夏山不推销自己。很多人来夏山访问,夏山接待了大量访客,却不向访客介绍他们所不知道的夏山经验。就因为夏山不了解他们,所以不能向他们推销自己。这就像是说,明明我是一个鞋匠,但因为我只见过你的上半身,我从来没越过栅栏看到过你的脚,所以我从来没想过对你说,嘿,我会做鞋子,可以给你做几双。

夏山受制于孤立和不自信。它采取了一种防守的策略。但是,如果你对自己所做的事深信不疑,并且相信别人的做法是错的,那么,你应该勇敢地站出来,告诉大家,事情不是那样的。只要有机会,我就会在我的工作中这么做,当然,方式是委婉的。我不会说夏山如何如何，但我可以说，学生是如何如何的。如果一件事情使各方感到满意，这件事情就错不了。相反，如果有人牺牲他人利益为自己谋利，那就一定会出问题。道理就是这么简单。但我们的文化教给我们的是，如果有人说"跳"，你只用问"跳多高？"。

这是行为主义的后果，这就是现在学校所做的事。上学前的孩子本不知道什么是坏事，他们只知道有些事情不会变成他们希望的那样。他们并不知道他们做了坏事，是有人告诉他们那是坏事。这是他们在学校里学到的东西。孩子们需要的是与其他孩子交往。如果夏山的成年人都消失，孩子们照样过得好好的。但是，如果让一所综合学校的成年人都离开，那里就会乱套。成年人本不重要。我在离开夏山以后，才发现成年人有多重要。在孩子面前，成年人拥有权力。也许因为他们自己是孩子时，没有受到尊重。但是，如果你摒弃权力，你会发现，社会并不会崩溃。

后记（2011）

自从上世纪九十年代中期接受采访后，我换过三次工作。先是在皇家外科医师学会担任高等外科医师培训联合委员会的课程项目经理，接着去了伦敦城市大学，担任城市大学和伦敦大学玛丽女王学院的跨职业教育负责人，现在我在玛丽女王学院的巴兹伦敦医学与牙科学院担任高级讲师。

我现在工作的主要内容仍然是为城市大学和玛丽女王学院的医学生做跨职业教育，同时进行以医学院教师为主的教师培训，并指导医学院本科生和研究生进行课程学习和学术研究。

在我看来，时间和阅历并没有改变我的基本信念和价值观，只是使它们变得更成熟完善。

卢西恩·克罗夫茨
就读于1970—1977

> 为不适合传统职业路径的孩子提供丰富的资源和可能的出路,是夏山一个令人鼓舞的优势。很多人毕业时会因学业一无所成而一筹莫展,和他们不同的是,卢西恩·克罗夫茨在夏山和之后几年学会了很多有用的技能,因此,他得以在很多有意思的领域一展身手。

卢西恩·克罗夫茨的父母在他15个月大时离婚,他的幼年是和祖父母一起度过的。"我自幼由战争一代抚养,这样的经历还挺有趣的。"祖父母家在康沃尔博德明摩尔的边上。卢西恩记得生活有点寂寞,"由祖父母带的独生子就更寂寞了。但那儿是个玩耍的好地方。"

虽然他搞不明白父母怎么了,但他还是很开心自在。"退休

卢西恩·克罗夫茨

的祖父母对于抚养我要比抚养自己的子女有心得。我几乎是他们生活的全部。他们除了照顾我,没有别的太多事可做。祖父好像从我身上看到了他自己,他学会了玩耍。而我缺少父母和玩伴的状况总让他们觉得亏欠我,所以,祖父很努力地扮演我的哥哥和父亲,鬼知道还扮演了什么,不过,对于六十多岁的人来说,他做得实在是太好了。"

卢西恩的母亲想好好带他和他哥哥,但力不从心。"她实在分身乏术。儿童福利机构要把我们带走,幸好祖父母把我留了下来。"但是他的哥哥没有那么幸运,只能在福利院等待领养,因为祖父母无力抚养两个孩子。可以想象,这是他们觉得亏欠卢西恩的一个原因。"福利机构现在尽量不把亲兄弟姐妹分开,但那时不同。我和我的亲哥哥就这样分开了,我成了不是独生子的'独生子'。"

很长一段时间里,卢西恩都很少见到父母。但他记得两岁半时发生了一场争夺监护权的法庭诉讼。"有人问我:'你想跟谁住?'我一下子哭出来,说:'我想回爷爷奶奶那里。'"

他接着和祖父母生活了两年。有一天,他父亲和另一个女人开着跑车来接他。这一次他父亲取得了监护权,但是幸好卢西恩仍然可以和祖父母经常来往。"在情感上,爷爷是我的爸爸,所以,当他去世时,我觉得我成了孤儿。我和生身父亲很疏远。当然,那是小时候的事,现在我和他关系很好。但那时,我觉得爷爷奶奶才是我的父母。"

卢西恩的父亲决定把他送到夏山,他后来告诉卢西恩,那是为了不使他受到自己的伤害。在去夏山前,卢西恩去过几所传统小学。他祖父母帮着付了一部分夏山的学费。"尽管夏山已经有了很长的历史,但祖父母还是对学校缺乏管教的状况感到不放心。"当卢西恩假期回到祖父母身边时,他感到他们对自己没学会识字感到担心。"他们会对我唠叨,反而使我更长时间不想上课。"

在夏山的头两年,卢西恩一直很想家,他缺乏安全感。这可能和糟糕的入学经历有关。父母带他到夏山后,都没有跟他告别。"我正和舍管说着话,和另一个孩子玩着,一回头,他们不见了。"父母的不告而别在一段时间内严重影响了卢西恩的情绪。"这件事产生了长远的后遗症,我觉得因为我和那些正要开始熟悉的人在一起,所以我的父母不见了。我更小的时候,他们也这样做过。"又一次,他被遗弃在了一个陌生的地方。"我伤心极了,每天晚上哭着给他们打电话,我想逃离这个可怕的地方。"

他父亲还做了其他的蠢事,其中一件发生在假期结束几天后,他回学校的时候。"父亲把我送上了去萨克斯曼德姆的火车,他说:'我会打电话给伊娜,确保她接上你。'但是他没打那个电话。"卢西恩孤零零地等在火车站,接他的人一直不来,他越来越害怕。最后,他给学校打了电话。"伊娜说:'怎么了,你为什么不自己来学校呢?'但问题是我严重缺乏安全感。父亲过去经常干那种事。现在他不会了。我觉得他吸取了教训,在后来的孩子身上他做得好多了。"

一段时间后,卢西恩才逐渐在夏山找到安全感。"头几年,我整天害怕得要死。有两三个问题儿童喜欢招惹我,其中两个后来成了我最好的朋友。"卢西恩一开始不了解夏山的运作方式和学校大会的核心作用。"我不理解投诉别人的做法,我不熟悉也不信任任何人。我还处在'去找大人'的行为模式中。"

对他来说,从祖父母的掌上明珠到和十个孩子分享舍管,这个转变也不容易。"那些真诚坦率的夏山孩子可能觉得我有点尖刻。我在夏山打了有生以来第一架。借用尼尔的用词,我觉得很多这样的孩子有着'问题父母'。很多学生属于这种情况。"

卢西恩在夏山的头两三年,尼尔还在世,他隐约记得参加过几次个别谈话。"也许谈话确实起到了一些作用,但你很难感觉到他做了什么,尼尔所采用的治疗法尤其给你这种感觉。孩子不知道治疗正在悄然发生,他不可能对孩子说:'你将接受治疗。'当然,也许美国人会这么直白。"在尼尔的人生后期,他逐渐不做个别谈话了。"他认为无论孩子是否参加个别谈话,他都会在自由环境中自愈。"

卢西恩喜欢尼尔,因为他有点像自己的祖父。"他整天在孩子们周围走来走去,穿着宽松的灯芯绒裤子和破旧的夹克衫。他的口袋里总是能掏出线、封蜡和折叠小刀这些孩子们想要的东西。但我和他的关系不算很亲近[①]。"

伊娜却完全不是尼尔那样的慈祥老人。卢西恩说:"大家都很害怕伊娜。小的时候,她对我们很严厉。"后来,他改变了对她的看法。"我只看到了她的一面,而作为夏山工作者的恐惧和脆弱,她从来不让我们看到。我想,管理夏山对她来说一定是担惊受怕,责任太重大了,而且还有一大堆工作要做。我觉得她的严厉外表对夏山而言不是坏事。务实的人也许会说,她有她的角色要扮演。我觉得她的本性中有感性的一面。她非常直率,她生气时谁都能看出来,但她从来没有恶意。"

卢西恩的学习有一些困难,可能他以往的上学经历加重了

[①] 1973年9月22日,尼尔于奥尔德堡医院去世,再过25天就是他的90岁生日。几天后,新学期开始,伊娜成为学校负责人。——原文注。

这一困难。"我不知道自己是不是患有阅读障碍,但我觉得学写字很困难,即使很努力还是很难学会。我很害怕,因为在之前的学校,老师会站在旁边看着我,我紧张得写不下去。这种恐惧一直伴随着我,也许这是我选择从商的原因。"

有的夏山教师注意到了卢西恩的问题,尤其是彼得·伍德。"我和彼得很亲。虽然听起来奇怪,但我确实很爱他。他似乎扮演了父亲的角色。他非常聪明,是个出色的陶艺家,跟着伯纳德·里奇学过各种日本陶艺。有一个假期,我没回家,就为了在学校跟他学陶艺。我学会了一手不错的陶艺技术,但假期快结束时我们闹了一点矛盾,我就开始放弃陶艺了,或者说,对陶艺的兴趣慢慢就消失了。离开夏山十五年内我都没碰过陶艺。我不敢碰。离校一年后,我收到了一张明信片,上面写着:'彼得·伍德不幸去世。'我想去参加葬礼,但因为火车迟到而没赶上。"

除了陶艺,卢西恩还对生态学和科学感兴趣。"我很喜欢做火药、炸弹之类的事。科学老师像个孩子,他会说:'我们去把这个石头炸开吧。'然后,如果你想知道那些化学物质发生了什么反应,他会告诉你。他是个好教师吗?谁知道呢。我和生态学老师玛吉的关系很好。她是所有老师中最好的一个。我学了很多生态学的知识。"和其他夏山人一样,有一些教职员自己有一些问题，教学水平也不尽相同。"有一些很出色，有一些则一般。"

卢西恩记得自己只主持了两次学校大会。"最后一段时间，我变得很孤僻。有一年我似乎除了看书什么也没干。我把《魔戒》读了四遍，并且读遍了图书馆里自己觉得有意思的书，可以说，有意思的书不多。我听说现在图书馆的藏书丰富多了，那时候可没多少书。我觉得，因为我很晚才开始读书，所以才会读那么多书。我没让老师教，因为我就是不想学。所以，尼尔的理论——别管孩子，他会在自己想学的时候学会——在我身上有效。"

卢西恩一直不想上课。"最后一年时，伊娜对我说：'你不觉得你应该上点课吗？你很久没上课了。'一般人不会在夏山听到这样的话。上课不在我的选项之中。我曾经有过去上课的冲动，但后来我打消了这个念头。我从来没上过毕业会考科目的课。"

据卢西恩回忆，他对于即将离校的前景感到抑郁。这是他早年生活模式的再现。"我又不得不离开那些我在乎的人了。"

离校后

幸好夏山帮我克服了学习障碍，使我再次想去上课了。然而，这时我也该离开学校了。较早的时候，好像是二战前，夏山孩子可以待到18岁才毕业。我真希望自己生活在那段时期，能在夏山多待几年就好了。我过了喜欢独处的阶段，正开始想要回到学校生活中。我想以大孩子的身份参与到社区事务中。不同的人是以不同的速度成长的。夏山是我的家，我刚刚从中找到力量，就要离开它了。我不是那种能快速适应新环境的人，换环境时会感到压力很大，但一旦融入其中，我就会成为它的一分子，离开它就成了又一次艰难的调整。

我常梦见自己又回到了夏山，获得了第二次在夏山学习的机会。我又回到了火车厢的房间，又做回学生，去做那些我当时没做的事。醒来时，我仿佛刚刚离开夏山，怅然若失。

很多夏山人离校后会去上大学，而我直接去工作了。第一份工作恰好就是我现在所从事的领域——音乐技术，这个职业生涯的起点实在是再好不过。在当时，音乐技术在音乐界的应用还很前沿。有意思的是，这种技术现在仍然有人在用，但不是在伦敦，而是在牛津郡等地的乡村。世界上最有灵气的音乐人就悄然游走于这些乡村小路之间。在牛津郡的一个16声道的小录音棚，几个年轻人最先开始使用固态逻辑技术，他们设计制作了自己的调音台。非常幸运，我当时也在那里。

十七八岁时，我在父亲的酒馆中混日子，认识了常来喝酒的工程师科林·贝特曼。他觉得夏山是个非常精妙的设计。他知道我对高保真音乐很感兴趣，就说："来我这当助理工程师吧，学一点录音棚技术，给人调吉他弦，我付给你每月三十英镑，怎么样？"于是，我去了他那里。当时16声道录音棚已经是大型的录音棚了。录音棚老板科林·桑德斯自己也是才华出众的设计师和工程师，他觉得市场上的录音棚设备都不够好，就自己设计了一个调音台。喷火乐队的制作人格雷格·雷克和其他乐队的音乐制作人说："这个调音台酷毙了，你应该拿到伦敦去参加职业录音室协会的展览。""我才不去。"但格雷格说服了他，他最后去了。他在那儿卖了三台，就再没管过。事实证明，他做的是世界上最好的调音台，英国广播公司买了八九台。现在所有人都用这种调音台。

科林·桑德斯的工作方式深深地感染了我。他不是音乐人，但热爱音乐和音乐技术，对音乐录制追求尽善尽美。我也有点完美主义。我常常对细节精雕细琢，但有时候不得不暂停一下。你必须得在适当的时候停下来，告诉自己，足够好了，回头再改。我现在不再过分追求完美了。

在这儿，大家真正出于兴趣和成就感而工作，这是我第一次，很可能也是唯一一次在这样的团队工作。这是一个由音乐人和工程师组成，为音乐人和工程师服务的团队。每个人都以自己的方式沉浸在工作中,这就是这个团队如此优秀的原因。有时,一些世界级明星会来造访。彼得·盖布瑞尔会在这儿转悠,和别人闲聊。你能在前台看到皮特·汤森正在和接待员聊天,你会说"嗨,皮特"而不是"哇,我刚刚见到了皮特"。大家对名人司空见惯。我跟凯特·布希说过话,那又如何?他们只是我们的标准客户。这就是我的第一份工作。

因缘际会,我一干就是七年。可以说,我是在合适的时间到了合适的地方。这也是份非常辛苦的工作。在没有夏山共识和学校大会可依靠的情况下学习与人交往,比我想象的更困难,开始时并不顺利。我很快就碰了钉子,从中学到了惨痛的教训。夏山的男女关系是非常单纯自然的,不会有人挖墙角,这是做人的基本原则。但是,在这个真实世界里,刚刚和男朋友分手的女孩,却会利用你来让她男朋友嫉妒,好让他回来和自己和好。男人女人互相利用。我很伤心,我太天真了,我不曾在夏山见识这样的事情。

当然,心机谁都可能有,夏山有时也有人耍心机,但这不是一回事。我们都难免有点心机,而且在生意场和人际交往中不得不学一点。但我还是在心底里排斥那种耍手段的作为。然而,这是真实世界里我不得不面对的部分。外面的世界和夏山截然不同。我能在夏山做好某些准备,但还有很多是要出了夏山才会学到的。社会上的人不像夏山人那么体贴关心你，外面也没有高效的真正的民主。世界太大了，也不是由夏山人组成的。在某些方面，夏山人真正成熟，这是在传统环境中成长的人所不可能具备的。相反，在另一些方面，夏山人天真得难以置信，而外界的人却没有那么天真（当然，也可以说，夏山滋润了学生的心灵，而外界的人受到的情感滋养没么充沛）。有时，社会需要非常强硬的人，而这正是夏山缺乏的部分。

有些事情非常棘手，而你不得不处理，经商的话更容易遇到这样的事。我曾和人合伙做生意，做电子产品。我们是分包商。因为要向军方供货，我们必须签署《国家机密保密条例》。我们的某些发明最后可能用在杀人的武器上，而我只能昧着良心来做这份工作。我觉得不太舒服，但在一定程度上，事情并不绝对。你愿意生产可能杀死素未谋面之人的产品吗？你愿意和杀死陌生人的武器发生间接的联系吗？但这些事情有时是难免的。我曾和一些夏山人聊过这个问题，他们大为震惊。他们的反应正义凛然——你为什么愿意做那些事？但事情并不是非黑即白的。我跟其中一个说："看，你是一个乐队吉他手，假设我看了一场你们的演奏会后跟你说'你太棒了，我想签你，但我不想签乐队的其他成员'。我知道别无选择时你一定会离开队友。"他说："那当然。"我说："那就对了。为了做你想做的事，

卢西恩·克罗夫茨

有些事是你不得不做的。"谁又觉得应该做这些事呢？很多事情都是这样的。事实上，我赶完这笔合约之后就不干了。

在夏山，怀有高尚的和平主义理想是容易的。很多人是，或自认为是彻底的社会主义者。在政治上他们如此自称。是的，夏山有很多社会主义的成分，但同时，夏山充满自由精神，而且每个人都充分发展自我，去实施自己的计划。但大家似乎直接抱着那些美妙的政治理想走上了社会，我觉得不太切合实际。他们充盈着正义感，但我觉得那些其实是陈词滥调。

有人说我从商是因为我缺乏创造力，其实商业是具有高度创造性的。思路决定出路。而思路正是聚集商业的趣味性和高度创造性之处。生意场上妙趣横生、乐趣无穷。除了焦头烂额的那段时间，你总能感到兴奋，即使演出已经落幕，也足够回味一番。无论表现在艺术上还是在其他领域，创造力就是创造性的思维。表现形式虽然不同，但内在是一样的。艺术界有点看不起商业界，但是真正把生意做好太需要创造力了。创造力让你对机遇和挑战保持警觉。面对瞬息万变的商业环境，你得应对自如，随时抓住机会开拓新市场和新客户。我们是英国第三大电子产品分包商，年度营业额超过一百万。不过后来我和合伙人产生了分歧，一番周折之后，我又回到了原地，回到我所喜爱的音乐技术领域。

我从经商经历中学到的是，无论你做得好还是坏，都要面对结果，无法躲在口号后面。团队合作能产生最佳绩效，虽然很多人并不这么看。我把从科林·桑德斯身上学到的工作态度用在对待员工上，提高他们的内在动力。我也运用了从夏山高效解决公共生活问题的方式中学到的经验。无需刻意设计就可以实践某些夏山的基本理念，员工参股计划和真正的合作社自然而然就形成了，这是一个伟大的探索。该果断时你得说一不二，但在此前提下仍有发挥员工更大主动性的余地。同时，夏山应该试着更多地接触社会，我觉得增加商业学习课程将大有裨益。孩子们可以经营某些生意，这是把夏山理念应用到现实社会的绝妙方式。夏山之外的人可以从夏山人的工作中获得很多启发，而夏山孩子也获得了接触社会的机会，在这方面，夏山目前还很欠缺。夏山曾经长期受到社会的批评，所以夏山把自己当成一座孤岛。但是，无论外面有多少敌人，安全的城堡只会变成自我隔绝的牢笼。

我发现很多夏山人后来遭到了社会的腐蚀。我不知道这是有意还是无意的，但他们已经变了。我想他们现在不会经常回顾夏山生活了。他们可能不去比较，但我会。我仍然会把夏山当作参照标准。在我不得不要手段，或者看到别人耍手段的时候，我总会想："天啊，真希望不用这样。"好吧，我还是会去做的，但那是不情愿的。但是，我的一些夏山密友已经让我敬而远之了。在这个冷酷的物质世界里，他们变得圆滑而老道。我尤其不喜欢伦敦的校友聚会，一些人的心机令人作呕。

人们现在对夏山有了更多的怨言。他们大失所望，甚至忿忿不平。有人说，夏山对孩子的功课抓得不够紧，夏山做得不好。我觉得他们是把自己的责任推到了夏山身上。实际上，夏山精神可以这样概括："我愿意为我自己负责，我不被迫上课，而是自己选择是否上课。如果我不去，那是我自己的决定，和其他任何人无关。"

学习资源就在那里，随时可以用。很多人喜欢把失败怪罪到外界环境上，这是人的本性。如果夏山人怨天尤人，我会想："唉，他真是白来夏山了。"夏山的基本精神是行动的自由，而不是不行动的自由。并且，在行动时保持积极乐观的态度。

有时，我会对自己说，我宁愿保持内心的柔软细腻、天真善良，但是，这些念头事实上总是被推翻，然后整个人变得越来越冷酷无情、铁石心肠。我变得圆滑世故，变得更成功，似乎向世俗屈服了。但我只是为了生存不得不如此，私底下，我仍然抱着无罪推定的态度，不以恶意揣度别人，宁愿上当受骗。当然，我可能因此受到伤害。在个人生活中处处设防的人，首先假定别人不值得信任，然后等着别人证明自己假定错了。我见到有几个夏山人也是这样的。难道恶意推定者防的不恰恰是恶意推定者吗？真是可悲而可恨。

很长一段时间里，我故意和夏山保持距离，去感受没有夏山的现实社会。曾经我去伦敦参加过校友聚会，以为自己会是那里最世俗的人，结果却发现这些夏山人也和社会上的其他人一样，有些比我更加世俗。虽然我们之间容易找到共同话题，但我对校友聚会失望透顶。

我这代夏山人很多既不结婚，也不去教堂。大部分，或者说我见到的夏山人似乎觉得这两件事毫无意义。他们不能接受哪怕是一两个和他们不一样的夏山人。我说："不对，夏山人应该做自己认为应该做的事。"他们几乎有一种逆向歧视态度："我们夏山人比基督徒、比别的什么人先进。"事实上，他们自己的所作所为和他们所抱怨的人如出一辙。我听他们大倒苦水，全是胡扯。你应该听听对方的说法，而不是闭目塞听。说到底，你也在议论别人，这和是不是夏山人没关系。况且，其实夏山人和别人并没有什么区别，这件事情上更显示夏山人和其他人一样喜欢自以为是。

我无意诋毁夏山，但很大程度上，夏山的好坏反映在夏山人身上。有些夏山人让人不敢恭维，尤其是那些进入社会后仍然抱在一起的夏山人。他们已经被社会磨去棱角，却又好像从

卢西恩·克罗夫茨

未离开夏山。其实在夏山时,他们就未必有多么深入的交流,他们只是学会了那些观点。夏山人素以见解独立著称,因为我们善于表达自己的观点。但关键是,你是真的这么看的,而不只是说得出某个观点。对我来说,夏山很重要的一点是,你能理解并尊重别人的观点,同时保留自己的观点。懂得尊重差异,这是夏山文化的核心。似乎无论哪一代的夏山人,都容易觉得自己卓尔不群,却不能真正理解与他们不同的人。他们该学学求同存异了。如果你完全不同意某个观点,没关系,你可以承认差异。这是对对手的尊重。那种唯我独尊的态度,还不如那些说"我不赞同夏山"的人。至少,那样的评论说明他们是先倾听再评论的。而夏山人却对某些事直接下判断,然后再也不愿多听不同意见。他们固步自封,抱残守缺。在伦敦,这种态度可能更加明显,因为大家互相维护,而且伦敦是个相对缺乏人情味的地方,你得找一些出口来发泄情绪。我不想这样。我和那些离校后认识的人相处得很融洽,和那些反对夏山的人之间也毫无芥蒂,接纳他们的本色就好。

人们都说我缺乏夏山气质,但其实我比他们更热爱夏山。虽然我不回夏山,但是我把夏山思想用到了生活中。这更多的是精神上的认同,很难用语言去表达。在我前面的记叙中已经流露出这种态度。夏山给了我根本信仰,它不是宗教,但和爱情一样，让人看到希望和人性的光辉。夏山展现了人性最美的一面。

有时候，因为夏山的一些人，因为学校的一切仿佛都缩小了的感觉，我不想回夏山。夏山是你应该告别的记忆，就像人总要告别童年一样，你应该带着夏山留给你的精神财富，开始自己的生活。离别的伤感将随着时间消逝。夏山有好的地方，也有不好的地方，但我对夏山感到满意。夏山告诉我，学习和成长是终生的事业。夏山使我对传统学校失去了兴趣，却保护了我儿童般的求知欲。我相信，能在夏山学好功课固然很好，即使没有，也没关系。条条大路通罗马，无论有没有文凭，入门之后，你都得证明自己胜任工作的能力。雇主不在乎文凭学历等等纸上的东西，工作能力才是唯一的指标。事实就是如此。

我和体制学校中出来的人打过很多交道，我的妻子就是从体制学校出来的。他们跟我说过很多他们学校生活的故事，敲诈勒索、尔虞我诈、学业压力，凡此种种。我不想让我的孩子遭受这些经历。并不是我不信任孩子，或者不让他们去别的地方。夏山不仅有不上课的自由，更重要的是具有我前面说到的那些基本精神。他们应该有机会去领悟。不过，我自己在校时很茫然，离开时更无所适从，所以，如果他们去夏山上学，我希望他们能和社会保持更多接触。

后记（2005）

接受采访后我以自由职业者身份回到了音乐技术行业，接着当了几年盖茅草屋顶的小工，自己种茅草，自己收割。我学会了各种传统工艺，还驾驶过一辆八十高龄的割捆机。这份工作棒极了，我比在其他所有岗位上都干得卖力，报酬也很丰厚。然后我经营了一个乡村电信技术屋，提供互联网接入、传真和复印服务等，比互联网咖啡馆进入农村市场要早得多。

此后，我回到酒馆行业工作。现在我在布里斯托尔的一家酒馆当店主，这家酒馆就是我父亲曾经经营的那家，所以，在某种意义上，我绕了一大圈，又回到了原地。我再次结婚，和妻子共同经营这家酒馆。我们有两个孩子，马上会有第三个。如果付得起学费，我们俩都乐意送他们去夏山。妻子不喜欢她的学校。

我觉得收获最大的书是纪伯伦的《先知》，这本书和夏山非常契合。它重视生命的厚度，而不是对死亡的恐惧。尼尔想让人性中善良的一面变得勇敢坚强，无所畏惧。让你的各种情绪得到张扬，而不受到恐惧的压制。认识恐惧，但不屈服于恐惧。我能看到尼尔与纪伯伦、耶稣基督和甘地的共通之处，他们的信仰是相似的。我们要对精神的力量有耐心。消灭爱的是恐惧，而非死亡。

（2011）

经营酒馆四年后，我去了我所在的业主协会从事房屋修缮工作。我仍然住在布里斯托尔。现在我有四个孩子，等我攒够钱，我希望把他们都送去夏山。几年来，我在几个乐队当过贝斯手，这些乐队大多是重金属和布鲁斯的乐队。现在我正在参加心理咨询师培训。

克莱尔·哈维
就读于1973—1978

> 克莱尔·哈维中途离开夏山,去上了一所传统的重视功课的寄宿学校,后来自己成了伦敦内城区的一所跨种族、跨文化的学校教师。她的经历向我们提出了这样的问题:在观念和问题颇为不同的环境中,夏山的理念和做法能够或应该在多大程度上得到借鉴?她的经历也向我们展示了夏山与其他主流教育机构的巨大差异。

克莱尔·哈维的母亲珍妮特,生于苏格兰西部艾尔郡邓洛普的小乡村中一个加尔文主义的中产阶级家庭。克莱尔沿用了母亲的姓。在皇家海外联盟工作几年后,珍妮特在西非塞拉利昂找了一份工作,在那里认识了来自知识分子家庭的克莱尔的父亲。他的祖辈是十九世纪末二十世纪初在杜伦大学学习法学的第一批非洲黑人。珍妮特回到英格兰生下克莱尔,然后再也没有回到塞拉利昂。

正因为珍妮特这一打破习俗的行为,她带着克莱尔来到了夏山,当了夏山的舍管。"虽然我喜欢托基的小学,但母亲觉得夏山的环境对我更有利。她希望我能够在一个开明进步的环境中健康成长。所以,并不是我在原来的学校遇到了麻烦,而是母亲觉得我应该到夏山来,一些夏山学生也是因为这样的原因而来到夏山的。"

母亲和女儿一起开始了夏山生活。"和母亲一起来并没有让我更快适应夏山,反而使融入变得更困难。我们没有一起住,母亲和别的小孩子一起住在平房,我住在主楼。"克莱尔一开始对夏山印象不佳。"孩子们看起来很粗鲁。我记得一个跟我差不多大的男孩骑着自行车,大声地对着我评论我的肤色。这一幕历历在目,倒不是因为这有什么大不了,而是因为这件事发生在我到夏山第一天或第一周的时候。"

克莱尔记得有一个学生是黑人,比她小一岁,是一个美国女孩。有很多从美国、法国、比利时来的学生。克莱尔很喜欢校园生活。"在主楼住乐趣无穷。作为独生女,我现在可以和很多孩子住在一个房间,晚上很晚才睡,搞深夜狂欢等等。但是,如果生病就糟了。"实际上,没有可以养病的地方,疗养院建成

克莱尔·哈维

不久就用作宿舍了。"所以,如果你感冒发烧了,你只能睡在原来的床上,而室友们仍然会搞那些寝室娱乐活动。"克莱尔感到另一个问题是个人财物缺乏安全保障。"虽然学生有自己的锁柜,但别人会撬锁。主要是偷食物,好像孩子们受不了巧克力和饼干的诱惑。失窃个人物品的事大概也有,不过不太多。那时夏山有很多问题儿童。"

美国学生对学校产生了很大的影响。"从说话和神情中就能看出谁是美国学生。有些学生是兄弟姐妹好几个一起来的,他们看起来充满自信,说话声音很大。"克莱尔记得第一年时有一种明显的嬉皮士气息,总的来说,她喜欢那种气氛。"当时有一大批待了好几年的大孩子,他们使学校变得朝气蓬勃。各种活动丰富多彩。"然而,克莱尔后来改变了看法。"到我快离校时,我觉得有其他更有趣的事值得去做。也许到了一定年龄,你就会想见识更多东西。"

克莱尔并没有一下子注意到上不上课是自己决定的。"更主要的是生活方式的变化,你不再有私人空间,但同时可以享受和很多人在一起的乐趣。听起来好像有点傻,我并没有马上注意到上课不是强制的,事实上,第一学期我丝毫没发现这一点。课程系统性不强,好像我们很少一本正经地坐着上课。我们上了很多缝纫之类的手工课。有些人得学英语,可能那是个不小的挑战。"

克莱尔还是经常能见到她母亲。"但我不会单独跟她在一起。她很受孩子喜爱。那个年龄的孩子很喜欢黏着某个教职工。虽然我是独生女,我还是适应了这种变化。"她逐渐不和托基学校里的朋友联系了。"我和夏山的同学来往得越来越频繁,假期时,他们会来找我,或者我去找他们。我的生活就更加以夏山为中心了。"

夏山的孩子们喜欢做各种手工,而且兴趣不断转移。"例如,有过一阵子,大家非常热衷于做自行车。女孩子不太喜欢做自行车,她们喜欢做布娃娃,大家也会在木制品店待很久。基本上大家都喜欢做东西。我不知道这是因为孩子们特别有创造力,还是因为这是孩子们释放精力的主要渠道。木工室和美术室温馨舒适,孩子们很爱去。为期末晚会做服装是另一项热门活动。另外,就我所知,生物课是学术型课程中最受欢迎的课,远远超过英语和数学。此外,上数学课的主要是男孩。"

有些人认为某些特殊的人群才会把孩子送到夏山,克莱尔希望消除这个误解。"我发现很多人觉得送孩子来夏山的家长一定是左翼或者自由派人士。事实绝非如此。送孩子来夏山的原因各不相同。有的是因为孩子在其他地方待不下去,把夏山当作最后的希望,有的是希望孩子在夏山受到更好的教育。"和其他夏山人一样,克莱尔也说很多问题儿童变好了。"有个孩子的心理问题特别严重,我很怕他,很多人都怕他。他是个令人不寒而栗的孩子,但后来他变得正常了。"另一方面,也有一些人没有被夏山治愈。"对一些人来说,夏山可能反而不利。到了一定年龄,他们变得精力过剩,需要某种渠道来释放。他们跑出学校,琢磨着该去什么地方。对这些孩子来说,精力过剩使他们在社交和学业上都面临困扰。"

克莱尔认为,学校大会和特别法庭总体上是有效的。她自己曾作为当事人出席过特别庭审。"那是我和另外两个女孩之间的一件事,我们开玩笑开得过火了。他们不知道谁应该负责任,不过最后还是解决了。对参加特别庭审的厌恶本身就是一种惩罚。所以,是的,特别法庭有用。"

克莱尔刚到夏山时尼尔还在世。"我记得他让我把我的珍珠鸡赶到一边,那好像是我和他第一次见面。一开始,我有点害怕,因为我知道他是校长。但他和我心目中的校长形象不一样。我没有参与过个别谈话,和他的接触也不多。我上学第一年时,他去世了。"

克莱尔印象最深的成年人是彼德·伍德。"我跟着他学陶艺,他的陶艺水平非常高,但更重要的是他人很好,和他在一起非常愉快。他那儿有很多《时代周刊》,和他在一起好像就能了解外面的世界了。有很多有意思的事可读可聊。我有时会去看望他。他是我的夏山回忆中最重要的人之一。他去世时我很难过。"

离校后

我提前离开了夏山,因为最后一年我过得不好。有人爱欺负我,而且校园生活也变得无聊起来,好像没有多少事情可做。或者,我到了一个想要认识更多人,进入更大的圈子的年龄。那时母亲已经去了另一所学校。于是我去了德文郡的一所可寄宿的综合学校。刚去时我很紧张,果不其然,文化冲击很大,学校管得非常严。但是,能认识很多孩子让我高兴,我交了很多朋友。

这所学校比夏山严厉多了,白天倒还好,起码是因为要上课,但晚上对你在房间里干什么还管得那么严就荒唐得不可思议了。比如,学校不允许你在自己房间的墙上贴海报。又如,有次我在课本上写了给另一个人的生日祝福,这在夏山是不足为道的事,但在这里不被允许。鸡毛蒜皮的事学校都要管。写规定的作业也是我不习惯的地方。在夏山,课外学习是自己的事。在起床和睡觉的时间上,夏山的大孩子也有一定的自由。你的时间是你自己的。所以说,在某些方面,这所新学校很糟。

但是，另一方面，有一个系统化的课程表又是我喜欢的。我喜欢上课。但学校要求上多达 12 门普通水平中等教育证书课程。我申请只上 5 门，学校不允许，他们觉得考试参加得越多越好。这种想法很奇怪，因为完全没必要。

至于教师的称呼，只能叫"先生"、"女士"，而不叫名字。总体上，教学质量很好。当然，我们只能看到教师的教学水平，而不会和他有私人交往，但在夏山，教师就像你认识的一个朋友。不过，我和这里的教师相处得挺好。我身上并没有所谓的纪律问题，他们都觉得我很认真负责。如果有问题，那就出在宿舍守则上。

我考过了几门普通水平考试，接着去上了高级水平课程进修班，但是后来我决定去伦敦上。我想继续学习，但不想待在同一所学校。我想去伦敦上大学预科①。我没有在伦敦住过，但觉得那一定是个充满刺激的地方。我现在忘了当时的心情，不过去伦敦是一个正确的决定。一开始，我住在海尔妲·西姆斯家，她女儿是我的夏山同学，然后去了位于市中心的南渥克学院。自己住更自由，而且，大学的氛围更接近夏山一些。教师

---

① six-form college，学习高级水平中等学校普通证书课程的学院，学生一般是学完 12 年义务教育的 16 至 19 岁的青少年。

会介绍他们的名字,同学也很友好。我喜欢住在伦敦,喜欢逛街,尤其喜欢逛波多贝罗市场。但伦敦可能不是学习的首选之地,年轻人难免流连于都市的灯红酒绿。我交了一些朋友,特别要好的一个来自西印度群岛,我们成了长期来往的好朋友。我喜欢大都市,在伦敦,我能遇到来自世界各地的人,而里斯敦只是一个小地方。

上完高级水平课程后,我在白教堂区的一所学校上美术业余文凭课程,因为我要兼职工作,所以这个课程很适合我。这是一门大类基础课程,包括雕塑、陶艺和摄影,非常不错。我喜欢陶艺,所以决定专攻陶艺。我申请了圣马丁学院的陶艺学位课程,获得学位后,我自己做过陶瓷制品,因为收入不够糊口,就找了一份美术馆的全职工作。我很想做设计,不过,我想去公司,而不是当自由职业者。以后我想去非洲工作,我想去我父亲的国家塞拉利昂,十五岁以后我就再没有见过他了。

后来我去了一家设计界知名的商店做销售。工作压力很大,有销售任务要完成,还要走到店外揽客。但我喜欢这份工作,而且干得不错。然后,我觉得应该充分利用我的美术设计方面的学位,就报名参加了教师培训研究生课程。期间我去位于伦敦东区的一所学校实习了一次。我很喜欢那里的学生和当地的文化氛围,人文底蕴很深。取得教育研究生学历证书后,我决定去东区工作。我在史特普尼的一所学校找到一份工作，给孟加拉男孩上课。学生们很喜欢美术，每届学生都有一些非常出色的作品。我觉得工作很有挑战性，也很有意义。现在我在伦敦北部的一所男子学校当美术组组长。

我觉得我的责任感并不完全是在夏山培养的。去夏山之前，我就已经从父母那里学会培养责任意识了。我有一种想要为社会付出而不是向社会索取的心态，在夏山时也有这种感觉。夏山就像一个大家庭。我觉得大家应该互相帮助，使每个人都过得很幸福，如果别人有困难，那么他的困难也是你的困难。母亲对我也产生了很大的影响。很难说清我受到的影响是谁产生的。我现在还和母亲很亲近，寒暑假时会去约克郡和她一起住。

有的夏山人可能不容易融入社会。很多工作环境等级分明、规章琐细，一些夏山人可能难以适应这样的环境。工作中难免有人级别比你高，或者你的级别比别人高，但恐怕夏山人很难真正适应这种有等级尊卑区别的工作环境，因为我们成长的环境中所有人是平等的。自主创业是个好选择，但如果你进了公司，就需要学会办公室政治。我不敢说每个人都怎么样，但我猜有的夏山人不喜欢耍心机手段，因为他们已经习惯了表里如一、真诚坦率。

也许我也没有学会这种生存之道。在上下级关系中，人们口是心非、阳奉阴违。对这种生存技巧，传统学校的学生已经略懂一二。倒不是说他们一定会成为伪善的人，而是想必他们更容易适应特定的职场环境。我觉得夏山学生的适应力在这方面要差一些。在某些需要高度创造力的地方，雇主喜欢独立的人；但大多数岗位，他们并不喜欢人格非常独立完整的人，他们需要的是符合职位定位的人，虽然这么说听起来有点冷酷无情。在某些方面，夏山人可能太天真幼稚，在某些情况下是一种劣势。这就是我想表达的意思。

夏山提供了一种独特的生活方式。但我觉得还有一些学校可以提供不比夏山差的成长环境，在培养人数上可能更胜夏山。夏山是一所很小的学校。如果我有孩子，我宁愿他们去一所大一点的设施齐全的学校，就像过去的达廷顿①那样的地方。在某些方面，夏山有所欠缺。否则，夏山的音乐教育可以更丰富。戏剧是夏山的强项，但如果学校规模大一些，也许可以更好。还可以请芭蕾老师、体操老师等等。规模太小是一种局限。我离校时，觉得夏山就像一座孤岛，例如，和当地人的接触太少，

---

① 英格兰西南德文郡的一个乡村，是一个生活化的教育社区，现在包括学校、宴会厅、剧团、创意产业、永续农业和各种实验性的社会事业。一批先锋思想家、教师、艺术家和社会企业家聚集于此。

甚至可以说没有接触。我知道一些公立学校也一样，但我觉得学生应该和外界有更多接触。里斯敦有些什么活动？他们搞过奥尔德堡音乐节，但我们从来没去过。我们去过萨福克会展中心，但和当地居民、访客的接触本可以更多些。在某种意义上，学校变得毫无新意。学校太机构化了，缺少和外界的联系。

我不会把我的孩子送到类似的与世隔绝之地，因为这对孩子不公平。从这样的地方出来，他还没有为适应这个充满竞争的世界做好准备。现在孩子的学习压力很重。我离开夏山时，学业竞争就已经很激烈了，现在一定有过之无不及。我很高兴我去了夏山，也很高兴后来做了离开的决定，或者，早一年离开会更好，那样我会更容易适应新学校。夏山校友之间有一种内在的凝聚力，即使不算密友，大家还是会有联系，因为学校太小了，相互之间都很熟。我和三四个校友还有来往，但我也有别的朋友，他们同样真诚。

毫无疑问，夏山有很多好的做法值得其他学校借鉴。比如，我觉得对教师以名字相称很重要；还有，要让孩子有更多的选课余地（可能现在多数学校已经这么做了），在规则之外，孩子们应该有选择的自由。在夏山，男女朋友关系是健康的，孩子们可以建立很亲密的关系。十几岁的女孩应该认识作为个体的男孩，而不只是把男孩当作一类人的标签。我也希望男孩把女孩当作独特的个体来看待。夏山毕业的男生似乎正在成为新好男人，至少比传统男性更接近新好男人，而社会上的男性还守着老一套不放。我想，夏山的男性校友不会有那么强的角色定位，不会太虚伪，他们会把另一半当作完整独立的个体来尊重，而不是随便一个凑合娶到的女人。在学校时，我交过一个男朋友，离校后，我也和一个校友谈过恋爱，但我没有考虑过和他们结婚，作为个体，要么你们互相合适，要么不合适，没有条件般配一说。

在我的印象中，夏山不存在吸烟和酗酒问题，我认识的夏山人都不吸毒。这主要是同伴影响的结果。酗酒也一样。我的朋友中没有吸毒酗酒的。我会在社交场合喝酒，我觉得喝酒是一种社交活动，但如果是一群男人一起喝酒，很可能适得其反。可能这和哥们义气有关系，我不知道。但我觉得大多数夏山人没有这种哥们义气。可能有一两个人有酒瘾，还有些人喜欢喝酒是因为他们的苦闷无法向亲友倾吐。

和来自不同国家的孩子一起长大是一段有趣的经历，这拓宽了我的眼界，因为我见过了不同国家的人的样子，当然，去伦敦又增长了这种见识。有五个来自五个国家的朋友大大丰富了我的阅历。

离开夏山后，我未免受到过种族偏见，有的人对你是什么人有一种预设。通常，当一个人还完全不认识另一个人时，他就会猜测对方是什么样的人了。乐观的情况下，如果你是夏山人，并且尼尔没说错，那么你不会对任何人有预先的角色定位，你会先去了解别人。

我觉得我从夏山得到的一大收获是我不太在乎自己能否取悦他人，当然，其实很难说清这是天生的，还是后天养成的。重要的是我对自己的工作是否满意，我的价值标准是成熟稳定的。对工作是不是够好，我有自己的判断，而这才是最终的评判标准。

后记（2011）

我仍然在伦敦内城区的综合学校担任美术组组长。过去五年，我一边工作一边照顾母亲。我和母亲关系一直很亲近，每周末去约克郡陪她。她于 2010 年 5 月去世。

罗达·古多尔
就读于1972—1983

> " 夏山人普遍认为,从有安全感的、幸福的家庭来的孩子比别的孩子更容易适应从家庭到寄宿学校的变化。罗达·古多尔的例子正印证了这个观点。她从小没有离开过父母,跟着父母在欧洲辗转。到夏山时,她还非常小,也完全不会说英语,但她几乎马上就适应了新环境。"

罗达·古多尔的父母是德国人,罗达刚出生时,他们刚搬到英格兰,但几个月后,他们又回到了西柏林。她的父亲曾是一名建筑师,那时刚刚开始从事节日充气玩具的设计工作。罗达的早年是在路上度过的,他们一家开着一辆大众巴士去欧洲各地,晚上就睡在车里。"我们去了很多地方,干什么都在一起。他们晚上出门时,我也跟着他们。"这种游走的生活一直持续到罗达五岁半的时候。"大概那时候德文的《夏山学校》刚刚出版,他们读了之后很喜欢,他们不赞同德国教育体系的做法。另外,因为我是独生女,他们希望我能在一个大家庭式的环境中成长。"

1972年9月,罗达跟着母亲来到了夏山。她母亲在里斯敦的家庭酒店住了一周,每天来看看她是否一切安好。"我很快就融入了新环境。伊娜对我母亲说:'她很好,她是个坚强的小女孩,她会学会适应的。'"虽然对罗达来说,这是生活的巨大变化,但她说,因为父母给了她充分的安全感,所以她能够比较容易地适应变化。"我和父母一直很亲近,而且随着年龄增长越来越亲近。我知道他们爱我。我从来没想过他们想要摆脱我,好去过他们自己的生活。根本没有这种担心。"

罗达七岁时,她的父母离婚了。"假期时我感觉很别扭,宁愿早点回学校。父母离婚后的头几年,我有点难受,但是回到学校就好了,因为我知道他们仍然爱我。夏山就像一个家,因为夏山,我一直觉得我生活在一个大家庭里。"

罗达记得尼尔,尼尔去世时,罗达在过第一个暑假。"父母把尼尔去世的信读给我听,我很难过。他是个非常好的人,我很高兴能认识他。他就像大家的祖父。他曾特地过来用德语跟我说话,使我很快就不拘束了。他喜欢每个人,他想确保所有人，尤其是新来的学生没有陷入无助的困境。他拿着烟枪坐在扶手椅上的形象留在了我的记忆中。"尼尔一直健朗，直到去世。"他常常跟我们玩，抛接皮球之类的，但不会跑，因为他将近90岁了。但他从没有离开，身体也很好。如果你说了什么过分的话，他会制止你，如果你不想做什么事，他会问你原因。一般情况下，他让你在限度之内自己决定做什么，但他会告诉你什么时候做什么事情是受欢迎的，另一些情况则是讨人厌的。"和其他夏山人一样，罗达强调，很多人误把自由等同于无法无天，或者，等同于尼尔用的词——放纵。"很多人以为夏山混乱无章，但其实，夏山秩序井然。秩序是由所有人的行为构建的，很多人不理解这一点。如果课堂上教师正在讲解时有学生插话，别人会制止他，因为否则大家就没法学习了。夏山有一些因为不良家庭环境而变得很淘气的孩子，他们的父母希望他们能在这里改好，大多数确实改好了。"

罗达特别谈到了一个舍管，希拉·菲尔比，她自己有五个孩子。"因为一件事情，我对她印象特别深。一个周六，我们一大群疗养院[①]的小孩买了一些吃的，晚上熄灯后，我们决定去野

[①] San，五到八岁的孩子住的地方，原建作疗养院，后改成了宿舍，并保留了原名。

餐，结果一个个都吃撑了，而且吵吵闹闹。希拉让我们穿着睡衣在门外冰冷的台阶上坐了半小时。当时是冬天，我们的屁股都冻坏了。从此我们长了教训，再也不敢那样了。我也因此记住了她。"

罗达说，课堂组织得很好。罗达是通过看《彼得和简》学会阅读的，这再次体现了夏山和主流学校在识字教育上的不同。《彼得和简》被认为具有白人中产阶级的性别歧视观念，这种观念当时已经政治不正确了，但罗达觉得"挺好的，我很快就进入了故事"。

下午是自由玩耍时间。罗达觉得，她见过的很多成年人小时候都没有玩够。"路上那么多人面无生气，无精打采，就是因为他们童年玩得太少。在我现在的住处附近，孩子们没有可以玩耍的场地，只能在路边打球。在夏山，我们有沙坑、秋千、滑滑梯和跷跷板。有大片的场地，孩子们可以在树林里跑来跑去，我们还盖了小棚子。"有一个著名的"戴恩树屋"，是戴恩·古德曼和她的朋友们盖的。"很难爬上去，不过我们慢慢掌握了窍门。"大山毛榉上有一个绳秋千，历代的夏山学生都把它当作勇气的证明。"我七岁还是八岁时第一次荡这个秋千。绳子非常粗，很难爬上去，荡起来能飞得很高。大家都在旁边加油，当我终于成功时，我感觉好极了。"

小一点的孩子的游戏不分男女。"我小时候不只玩布娃娃，也玩小汽车，但现在在我住处附近，布娃娃只属于女孩子，小汽车只属于男孩子。"不过，虽然小女孩也踢足球，但长大一点后就不踢了。"但我觉得，问题在于，我们是自己选择喜爱的运动的，而不是因为某项游戏被归类为男孩的运动。"

每次督学来学校视察，孩子们都会感到不安。"他们像观察猴子一样观察我们，或者把我们当成某种外星生物。所以我们就故意逗他们，好让他们在报告里写'这儿的孩子真是奇怪'。作为孩子，如果陌生人突然来观察我，又不告诉我他们来干什么，我会很紧张。他们会参加学校大会，午饭时也在，还去参观卧室。我们隐私全无。很讨厌。真想对他们说：'这是我们的学校，你们给我出去。'"

和很多夏山孩子一样，罗达很喜欢读书。舍管会给小一点的孩子读书。"《查理和巧克力工厂》是我们的最爱，还有《神龙帕夫》。"后来她开始自己读书。"我最早读的是奇幻故事，而不是言情小说，我一直都不喜欢言情小说。后来我开始对英国古典文学感兴趣，读了一些查尔斯·狄更斯和艾米莉·勃朗特的作品。还很小的时候我就很喜欢莎士比亚。我也读现代作家的作品，比如《麦田里的守望者》和《了不起的盖茨比》。我保留了我所有的书籍：童书、教科书、作业本，有一些是我刚学写字时的本子,几乎认不出写的是什么。无论搬到哪里,我都随身带着这些书本。我喜欢收藏书籍,有时我会拿出来读第三遍、第四遍。什么书都有,像《查泰莱夫人的情人》、《森林王子》,还有我非常喜欢的《雾都孤儿》、《小熊维尼》等等。"

在卢西恩·克罗夫茨那代学生之后,图书馆的馆藏好像更丰富了。罗达记得书很多。电视并没有占据学生的很多时间。"我们可以到教职员休息室看各种电视节目:《流行金曲榜》、《童话天地》、《开船旗》、《约翰·克雷文播新闻》,偶尔也看《动物世界》,如此而已。电视对我们来说一点都不重要。"

罗达上学时,学校最终取消了拉丁文课。"我正想学时,拉丁文课就不教了,我不知道为什么要取消。"有一段时间,罗达完全不上课,这倒是符合夏山的古老传统,不过这段时间相当短。"十四五岁的时候,我什么也不想做。连我妈妈都说我那段时间脾气很坏。"过了叛逆期后,罗达又开始学习,然后考了几门普通水平考试。"成绩还过得去,不过我不在乎,我反正不是那种能得'优秀'的学生。"

运动、骑马、周日散步、戏剧、美术,这些都是充实而有趣的活动。和克莱尔·哈维、卢西恩·克罗夫茨一样,罗达也对彼得·伍德评价很高,称他既是出色的陶艺师,又是很好的人,但她最喜欢的人是伊娜。"我很喜欢伊娜,毕业后,我会为了看望伊娜而回夏山。小时候,我们觉得她好像永远不会离开我们。她很严厉,但我觉得那是必要的。尼尔去世后,她独自执掌夏山,一定很不容易。"和卢西恩一样,罗达觉得伊娜时代的夏山与尼尔时代有着微妙的区别。"很难说清具体是什么地方有变化,但感觉不一样,并不是变差了,只是不一样了。"

校外的孩子好像很排斥夏山。"我觉得他们嫉妒我们。我不知道现在怎么样了,那时候他们会说:'哦,你是夏山的啊,你一定很有钱。'因为夏山是所私立学校,大家就觉得你一定是富人家的孩子。现在我有时候还会见到这种反应,真无奈。我们和镇上的孩子关系不大好,倒不打架,但是他们把我们叫做'势利眼'。现在偶尔还有人这么叫。我说话很直,不喜欢拐弯抹角,这明显是受到了夏山的影响。很多人对我的直率感到吃惊。"

随着年龄增长,夏山的孩子们担负起对自己更大的责任。"夏山教会我独立。12岁起,我们就自己打扫房间,自己洗衣服。我的动手能力很强,会缝纫、针织、钩编。我喜欢干家务,打扫卫生,熨烫衣物。我会修插头,组装架子。这种能力也来自我父亲的影响,他总是鼓励我变得更独立。如果他的车坏了,他会给我看哪里出了问题。我天不怕地不怕,喜欢挑战,因为挑战使人增长才干。我梦想有一天去高空跳伞,我一定可以。"

担任学校管理人员或者加入委员会会提高孩子对公共生活

的责任感。"尼尔一直希望孩子参与管理学校。我当过几次巡视官,还组织过期末筹委会。"

大家自由地谈论性,就像谈论生活中的其他事情一样。"我觉得夏山对性的态度是健康的。没有人怀孕,而镇上的学校常有人怀孕。"青春期对所有人都是一个坎。"突然间你就变成男人或女人了。一开始,你会很不习惯,但慢慢的就好了。和从小到大的伙伴在一起,会让这段时间变得好过一点。"

罗达提到了臭名昭著的四频道的纪录片《前沿》(*Cutting Edge*)。"我和几个在克里弗顿学院上学的学生一起看了片子,片子对夏山的报道完全失实。他们惊讶坏了,问我:'你真的在那所学校上学吗?'我很难让他们理解'这不是我上的那所学校。完全不是那样的'。我费了牛劲儿才说服他们。父亲寄给我一篇《明镜周刊》上的文章,说学校可能被关闭。我倒吸一口冷气,跌坐下来。"

几年前,罗达见到了夏山招舍管的广告。"我差点就去了,但最后我想:'不,这是我的童年记忆,别去破坏它。'有时候我谈到学校,别人会问我上的学校怎么样,我就说'棒极了'。大多数我认识的人不觉得他们的学校有那么好。有的会说:'简直是噩梦。'真幸运,我有一个快乐的童年,我最好还是让它原封不动地留在记忆里吧。"

离校后

1983年7月，我毕业离校，回德国和父母待了几周后，我就去工作了。我觉得很难适应社会，好在马上就开始工作了，没有时间去胡思乱想，比如"离开学校了，我该怎么办呀"，"我太怀念夏山了，怎么开始新生活呢"。我完全没有这个阶段。毕业时，我知道自己喜欢和孩子打交道，于是通过瑞士的朋友，我找了一份家政工作。电话面试后，我去那里工作了一年，工作好极了。带着攒下的钱，我去了西班牙兰萨罗特岛，在那里待了九个月。父亲在那儿买了房子，但他那段时间只来过一次，于是就我自己住着。我学了一点西班牙语，学会了开车（但是开错了方向），在餐馆打工，给人带孩子，等等，我想多尝试不同的事情。我也到处闲荡，认识了很多人。

我知道人和人不一样，所以并没有感觉到很大的文化冲击。寒暑假时，我见过社会上的人是什么样的。我并不觉得受不了，只是对人们有那么多忌讳感到惊讶。例如，裸体和女性对性的态度都是不可触碰的话题。他们的态度基本上就是"我不想谈这种事"。我和我的大多数朋友可以谈论任何事，也不管他们是男性还是女性。但是我知道跟某些特定的人不能谈论某些话题，所以我不会谈。我曾经试着谈过一次，但没用。对有的人，生

罗达·古多尔

活中的任何事情，哪怕很日常的事情，都可能是他的雷区。我觉得和比我大一点的女孩更谈得来，现在有时还有这种感觉。

在西班牙时，我申请了几所护理学校，然后被布里斯托尔的一所学校录取。1985年9月，我开始上护理课程，两年后毕业。此后我在布里斯托尔断断续续做了三年家庭护理。然后我决定做点别的，并不是我受够了带孩子之类的事情，我只是想看看我还能做什么。

我发现人们看待孩子的态度很怪异，和我的经验截然不同。我偶尔会提到很小的时候父母带着我到处走，人们会问："天啊，他们怎么不请个保姆？"我父母不觉得带孩子是保姆的事情，但别人觉得不可思议。人们生下孩子几周之后就去上班了，那为什么要生孩子？生了孩子就应该陪伴他，至少陪到他去上学。我是这么想的，也会这么做。我经常会听到别人谈论他们对此的看法，如果他们就是觉得孩子可以交给保姆，那也无所谓，我无意改变别人的态度。

我在一家服装店工作了一年（我发现顾客的判断几乎总是错的）。1990年，我当时的男友在普利茅斯找到一份工作，所以我搬到了那儿，找了一份客服工作。我专门接待德国的顾客，接听电话，如果他们到厂里来，我就陪他们吃午饭。和男友分手后，我搬回了布里斯托尔，找了一份代理工作。后来我在埃文急救中心找到一个终身职位，在那里工作至今。

在夏山时，我没有考虑过结婚，因为我看见了那么多离婚的人（很多夏山孩子来自离异家庭），也因为我自己的父母离婚了。但是，当我一遇到格雷姆，我的态度就变了。很多同学感到难以置信。和主流文化有所不同，据我所知，夏山同学中只有少数几个结婚了，但好几个有孩子了。

我还不知道要让我的孩子受什么样的教育，现在说还太早。无论送他们去什么学校，我一定会仔细了解学校的情况。虽然我的校园生活非常美好，但我有时也想，如果当时多参加一些考试就好了。当然，都已经过去了，我也不觉得非考试不可。考试成绩不是最重要的。面试时，人们看重的是你会什么，你是什么样的人，而不是纸上写了什么。

我不觉得一定要到几岁才适合上寄宿学校。就自身经历而言，我不觉得自己上得太早。如果孩子没有从我这里得到充分的安全感，我会觉得是自己做得不够，没有尽到母亲的责任。孩子的表现通常是父母教养的责任，当然，他们自己的童年也起到了重要的作用。家庭环境对孩子的成长非常重要。如果家庭环境很差，孩子会把在家里沾染的戾气带到学校和同伴中。孩子应该有很多玩耍的时间，我把这一点当作首要的教子原则。

我不会把孩子送到夏山去。我想看着他们长大,直到他们上大学,到那时,他们可以想去哪儿就去哪儿。好像我母亲就因为没有看着我长大而感到内疚。以后我也可能会改变看法,谁知道呢。不管是不是在夏山上的学,没人真正清楚他以后想让孩子在什么环境中长大。如果过六年以后再问我,也许我就有答案了。不过,我认识的夏山人,除了一个被开除的以外,都过得很好。他们事业顺利,家庭稳定,过得快乐而满足。

后记(2004)

我现在有两个儿子,一个八岁,一个四岁,都在当地乡村小学上学,学习都很顺利。大儿子每周有家庭作业,但形式活泼有趣,并不繁琐枯燥。我们会跟他一块儿做作业。我觉得家庭作业其实挺好的,可以让我们看到孩子在学校里学了些什么。小儿子刚上学,已经开始从学校里带回来一些新鲜事了。学校安排了很多玩耍的时间,他在学校很开心。我仍然相信玩耍是童年极其重要的组成部分。如果我的孩子在任何方面感到不开心,我会想办法解决,但现在我不需要操心。

在怀上小儿子之前,我正在学会计,但后来发现会计不是我真正想从事的职业。我决定去当翻译,这样就可以一边在家工作赚钱，一边陪孩子，也不必在快节奏的城市生活中来去匆匆了，这是家庭和工作的最好结合。

（2011）

四年前，我从埃文急救中心的财务总管职位上辞职，然后参加了私人健身教练培训。现在我在一家健身俱乐部当健身教练。

馆小路童
就读于1981—1990

> 教育中的专业细分趋势,使那些擅长不同领域的人感到为难。种族和国籍则进一步增加了他们的困扰。童属于来到这个陌生世界的远东学生潮中的第一批学生。他既想读理科学位,又想当布鲁斯吉他手。他的经历很好地展示了夏山如何帮助学生避免那些很多人在选择人生道路时容易遇到的局限和尴尬。

到二十世纪九十年代中期时,夏山已经有三分之一的学生来自日本、韩国和台湾。童是其中最早的一批之一,也是年龄最小的一个。1973年,童出生于日本北海道。他的父亲开过货车,后来成了出租车司机。童五岁时,他家搬到了东京。父亲去了一家残疾儿童服务机构工作。"在开货车前,他在那类机构工作过,并且在那儿认识了我母亲。"

童是独生子。七岁时他开始上小学。"那所学校不太好。学业负担很重,据我母亲说,我经常流着眼泪写作业。"

在童的描述中,他的父母是非常开明的人。"不仅按日本的标准,在任何一种标准下他们都很开明。"他母亲高中毕业后不久就听说了夏山。"她在一家二手书店看到了尼尔的书。她拿着书看的时候,店主向她推荐了那本书,所以她就买下了。回家读完后,她想:'哇,太棒了。'读完尼尔的其他几本书后,她想:'如果我有孩子,我就送他去这所学校。'"后来她把这本书介绍给了童的父亲。"他本身也是倾向自由的,就想:'如果孩子自己想去,那就没问题。'"

童上学前,父母告诉他可以选择上本地的学校,或者到英国去上学。"我想:'我才不去英国,冻死了。'等我上过本地的那所小学以后,我跟他们说:'我想去你们以前跟我说过的那所学校。'"

童的父母把他送上飞机,让他跟着两个已经在夏山上过学的日本女孩一起去。这对一个八岁的孩子来说是个重大的挑战。"她们好像是十岁和十二岁。我很紧张。和父母一分开,我就哭了出来。但已经晚了,机舱门已经关闭,飞机已经准备起飞了。我很内向,基本没跟她们说话,只是看着窗外,心里想着'啊'!"

童的父母跟他说过学校的基本情况。"在我看来,父母养育我的方式和夏山的理念非常像。所以说,我从出生起就在做准备了。为了送我去夏山,父母只能自己节衣缩食。我猜他们一定到处借钱,可能现在还没还完。他们没跟我说,是我猜的。"

刚到夏山时,童有点不习惯。"有一阵子,我每天凌晨两点醒来,就在心里想:'天啊,爸爸,妈妈!'我想过自己的选择是不是正确,但是既然已经来了,就回不去了。而且,过了一段时间就好了。我遇到过困难时期,但那是难免的。"

童的英语学得很快,一学期之后就没问题了。"日本女孩大概两周后就不管我了,所以我不得不学英语,但那个年龄的孩子学起来没问题,听着用着就会了。学校里还有很多母语不是英语的欧洲学生,我记得有很多是德国学生。我不觉得有文化冲击,最大的冲击是离家万里。除此之外,夏山对我来说没多少不习惯的地方,我也不挑剔学校的饮食。"

童待了一年后,又有几个日本学生来到夏山。"他们比我大几岁,我和他们混在一块儿,那段经历并不怎么美好,我们在商店里偷窃,还被抓过一次。"伊娜对他们非常严厉。"光是看着伊娜的样子,就够我害怕了——哦,以后再也不敢了。"假期的时候,我跟父母说起这些日本同学,他们说:'如果大老远地跑到英国,还是整天和日本学生待在一起,那还不如在这儿上学,你说呢?'我认真考虑了父母的建议之后,就和他们稍稍保持距离了。日本学生好像喜欢扎堆。其他国家的学生也有这种倾向,但日本学生更明显。他们喜欢成群结队地出没。我好像并不特别喜欢这样,只是刚好加入其中。"

童的父母对他来说一直很重要。"我想,他们的影响会持续到我今后的人生中。他们的付出值得我尊敬,我所能做的也只是由衷地尊敬他们。我绝不愿意伤害他们。我常常会体会他们说过的话。有段时间我觉得他们说的绝对是错的,但后来我就能理解他们的观点了。"

想家和想学校交替进行了几年。"大体上,到了夏山,我会很想家,过了半个学期,又不想回家了。到家以后,我又很想回到学校,到假期快结束时,我又不想离开家了。这样的循环直到我十二岁才停下来,真是丢人。在那之前,我一直觉得离开父母很痛苦,但是一回到学校,就会发现,哇,好棒!"

童的父母不多过问他夏山的事情。"他们大概看到我的状态挺好的,而且他们对学校百分之百地信任。他们一点都不担心我,可能只有日本同学的那件事曾让他们稍稍有点担心。我上了一学期课。上课是日常生活的一部分,起床,吃早饭,玩一会,上小班课,跟我差不多大的孩子基本上都是这样过的。我们做手工，玩橡皮泥，画画。我从来没上过很正规的课。一学期后，我逐渐少去上课了，因为我发现了更有趣的事，例如在树林里乱跑、爬树、玩游戏。然后我发现木工比这些事更有意思。"木工室一直开着，学生可以进去想做什么就做什么，包括为他们的打仗游戏做剑和枪。"有个叫霍普的人在那里值班，他在那里做些琐碎的事，我们有需要的时候他就来帮忙。如果我们不知道怎么做，或者有点危险，他就示范一下。但他不会很正式地教你。"

童刚参加学校大会时，根本听不懂大家在说什么，但伊娜给他留下了很深的印象。"她是个非常强势，非常有威严的人。估计伊娜给很多孩子留下了这样的印象。她每次都会出席大会，时不时地说几句。我心想：'哦，伊娜刚发过言。'她很有影响力。她不会专断地做出规定，因为学校的规则是大家决定的，但是她的意见会受到大家重视。她不会说：'必须得这样做。'但是我会像认真对待父母的意见那样认真考虑她的意见。"

快到十三岁时，童又喜欢上课了。最初，他的动机很实际。"早期，午餐菜谱写在餐厅点菜窗口外的黑板上。我总是径直走去，把脑袋探进窗口，说：'能每样都要吗？'然后他们就每样给我打一点。有一天我想：'我不是每样都想吃啊。'我看着黑板思考：'今天吃什么呢？'但是我一个字都看不懂！多可悲！

所以，我想，最好还是学一学吧。我找到英语老师布姆，告诉他想学英语。我们读了一阵傻乎乎的海盗故事。说起来很惭愧，我之前除了漫画，连日语书都没读过多少。"但是他坚持下去了。"我没多想，就是想识字。那段时间学得很痛苦，不过后来就好了。我不是一个学得很快的人。虽然有点难为情，但我得承认，到现在我还是对阅读和写作感到头疼。除了教科书，我从来没怎么认真看过书。当然，识字还是没问题的。读得多了以后，我对单词和拼法就找到感觉了。应付考试足够了。"那时童只读音乐杂志。"我现在不痴迷音乐了，我曾经很投入，但现在我想：'哦，别的事情我也在行啊。'"

童觉得夏山的教学水平总体上还不错。"似乎很多人对不同的教师颇有微词，但我乐于接受别人本来的样子。他们可能算不上才华出众，但我觉得自己从他们身上获益良多。我很喜欢数学课，所以到大学读了天文学专业。"他特别喜欢物理。"很小的时候我就喜欢捣鼓东西，想要弄清楚那些东西的工作原理。物理课有动手操作的部分，比如做自行车，那就是我天生喜欢做的事情。"

几个学期后，童对化学的兴趣减弱了。"有一群孩子整天只知道做炸药玩，我有点烦了。"他觉得十五岁开始上的系统化的美术课更好。"对一些夏山学生来说，正规的课程和教学法可能有点怪异，但我很喜欢，也学得很好。我对画画，特别是漫画一直很感兴趣。很小的时候我就创作了自己的漫画，而且自得其乐。九岁时，我在一个万圣节派对的连环画比赛中得过奖，那套连环画贴满了整面墙。在另一次万圣节派对上，我用木头做了一个面具，然后扮成一个机器人，也得了奖。我很开心。"

"我喜欢夏山大孩子对小孩子的态度。如果小孩子做了什么东西，大孩子会奖励他，这对小孩子是一种鼓励。夏山的大孩子比成年人的作用更大。"

童说，总有几个孩子需要提防，他也确实受过欺负。"有段时间我很绝望，但回过头来看，我想：'那也是成长中的一部分啊。'我并不觉得那些经历伤害了我。不过，我记得有个男孩因为很受欺负而离开了夏山。但我宁愿以积极的眼光来看待这些事。通常，如果学生遇到了很大的困难，学校会介入处理，在学校大会和特别法庭上提出并讨论这些事情。另外，随时可以找巡视员帮忙。"

离校后

大学生活对我来说没什么不适应。我听一些夏山的朋友说，他们觉得夏山没有为学生进入社会做好准备。那是他们的看法，但不适用于我。我早就知道夏山与众不同，所以，在一定程度上，我对外面世界的不同之处有心理准备——那里有更多纪律约束。话说回来，我已经学会了自我约束，因为过去的两三年中，我在用功学习。要说我和大学同学有什么不同，那就是我觉得他们有时有点幼稚，可能那就是从被压制的状态进入比较自由的大学环境时会有的表现。我反倒更容易适应这种自由气氛。我很清楚自己需要用功学习，需要通过考试。

在科尔切斯特学数学和物理时，我的家教老师说："你很适合做研究，你应该去上大学。"那时，我还没想过要读大学。我只想把所有该做的事做完，然后开始我的音乐生涯。我对科尔切斯特的几支半专业的布鲁斯乐队感兴趣。其中一支乐队的队长对我说："我们想做专业乐队，你有兴趣吗？"我幻想着突然之间就可以走上音乐道路了。啊，太棒了！所以说，我根本没想过上大学。但是我跟父母聊了聊，他们说："为什么不上呢？"他们认为上大学对我有好处。他们从日本来看我时，我和他们聊了很久，然后，我决定考大学。我考上了。而那些布鲁斯乐队慢慢地销声匿迹了。

我上了伦敦大学学院。浏览招生简介时，我留意到了天文学。"这是关于星星的学科吗？听起来不错。"就这么决定了。我的数学和物理成绩优秀。我觉得研究宇宙的奥秘会很有趣。

第一年我过得很不错，我一个人来到全新的城市伦敦，在这里交了很多新朋友。我一直想学武术，就学了一年中国功夫，花了不少精力。第二年，我想："一切都很好，但是好像缺少了什么。是什么呢？哦，是音乐。音乐在哪里？"从那时起，我就把精力更多地投入到了音乐上，当然，也没忘记功课。第三年投入的精力有增无减。对学业我一点都不松懈，因为我知道父母为了让我在这里上学花了很多钱，那时我还不是英国公民，所以没有奖学金。我不想让他们失望。既然开始了，就要有始有终，这就是我的态度。

最后一年相当紧张。我最终拿到了学位，找了工作，并继续玩着音乐。现在，我稳定了下来，有了家庭，生活以家庭为中心了。尽管如此，我仍然在玩音乐，以后也不会放弃，把音乐当成职业的梦想一直未变。我并不渴望出名，但是我希望我的音乐受到欣赏，给人带来欢乐，我希望把音乐给予我的爱传递给别人。音乐是我的力量之源，使我忘记烦恼，保持一颗积极乐观的心。

当了父亲之后，我的生活发生了很大的变化。我开始从另一个视角来审视夏山——家长的视角，而不是曾经在那里上学的孩子的视角。最近，当我回夏山的时候，我越来越感觉到，夏山的孩子们真的很快乐，也让我时不时地想起自己童年的美好时光。因此，我希望我的儿子也有机会去夏山上学，就像我父母给了我机会一样。其实离他上学还有几年时间，不过我的这个想法一直很明确。我妻子也觉得夏山是一个适合孩子成长的地方，我很感激她支持这个想法。只有父母都赞同夏山，孩子才容易顺利地融入学校。我认为父母在子女的教养问题上持相似的观念是非常重要的。这一点有时候很难做到，但父母必须为了孩子尽最大的努力。

我还是会不时梦见夏山，虽然不像以前那么频繁了，但仿佛我仍然生活在那里。在夏山度过的每一天，使我充满自信。我知道有些人的校园生活并不快乐，这使我更加珍视我的学生时代。虽然说人生的每一个阶段都是宝贵的，但童年似乎尤其珍贵。不能享受童年的人生，真是太缺憾了。

最后，我想说，我对生活感到满足，也很高兴去了夏山，如果再让我选一次，我还是会做出同样的选择。

后记（2011）

1999年至今我一直在IT部门工作。这两年我在学习专业知识，准备考资格证书。现在我有两个儿子，一个七岁，一个四岁，下班后，我和孩子们一起睡觉，早上三点起床。考资格证是为了更好地赚钱养家。

今年9月,我和妻子认真地想过送孩子们去夏山,但我们决定再等几年,好多攒一点钱,我考了证之后可能有机会换一个收入更高的工作。

近几年我不太在外面做演出了,但有时间的时候会在家里演奏。既然音乐已经进入我的血液中,我就不怕会和音乐疏远。现在更重要的是家庭,我要努力赚钱,完成送孩子们去夏山的梦想。几年来,我一直和学校保持着联系。大儿子出生后,我几乎每年都会带孩子去夏山,我希望他们将来一到夏山就感到舒服自在。

阿比盖尔·泰勒
就读于1990—1995

> 很多孩子在从小学升到中学时感到无所适从。小学环境相对人性化,而中学的组织方式更像大型工业化生产,学生被训练得像巴甫洛夫实验中的动物一样,条件反射式地做出身体、思维和情绪反应。很多感知细腻的儿童无法适应这一转变。对于阿比盖尔·泰勒来说,大家庭式的夏山为她提供了另一种出路。

阿比盖尔·泰勒幼年在剑桥度过,她上了当地的小学,一帆风顺。问题出在她上中学的时候。"课程太难了。12岁学校就开始让你上毕业会考课程,太痛苦了。"

除了课程压力很大,她还讨厌她的老师。"他们是权威式的,仿佛高人一等。妈妈听说过夏山,也跟我说起过,我觉得那是个好去处。我们去参观的时候,我觉得那个地方有点怪异,但还是可以适应。头几周时,我有点讨厌夏山,心想:'天啊,真是个错误的决定!'我因为想家而哭喊。但过了这段时间就好了。我的舍管是希腊人,为人忠厚可靠。我也交了一些朋友,然后我开始喜欢这里了。"

她发现大多数孩子一开始会经历一段困难时期。"在一些细微处,老生会欺负新生,例如撬开新生的柜子,偷走几颗糖。我和另外四个女孩一起住,一个英国人,两个日本人和一个法国人。法国女孩态度不太友好。好像有的学生觉得新生好欺负,所以喜欢招惹他们。"

阿比盖尔上了一个月左右的课之后就不去了。"我交了几个朋友之后,上课就成了无聊的活动,远远不如在外面玩有意思。"此后她有两年半到三年时间没去上课,不过后来就开始上毕业会考课程。"除了戏剧课以外,别的课我并不真心喜欢,但这不是因为教师,比如说,数学让我头昏眼花,我是死也学不好的。"

她和大多数成年人相处融洽。"有一些我很喜欢,有几个则不太喜欢。我平时很少见到佐薇,但常能在学校大会上看到她。她凶起来很凶。有时候我们跟她发生争论,她会忍不住多说几句,但她一样得遵守大会的规则,所以也受到过几次违规发言的处罚。尼尔的遗孀伊娜虽然已经半退休了，但仍然令人生畏，大家都很怕她。当然，佐薇不怕她，但所有的教职员和孩子都怕她。"

阿比盖尔参加了大多数学校大会，但过了一年才开始发言。"离校前，我已经发过很多次言了，不过我只主持过一次。最后一学期时，我终于鼓足勇气当了主席，我觉得离校前该尝试一次。大会进行得还算顺利，只是经常要站起来提醒大家保持安静。有时候主席会哭着走出去，因为大家都不肯闭嘴，吵得不可开交。偶尔大会变成这样，但大多数时候比较顺利。有几个人经常做主席，他们喜欢承担这个职责，也知道该怎么处理。男孩和女孩主持的次数差不多。"

但是，她觉得特别庭审通常很枯燥。"大多数是因为小孩子磕磕碰碰的事情而互相上诉，多是鸡毛蒜皮的事，大孩子大概都会觉得无聊。但有一段时间，庭审突然变得有意思了。那时很多人整晚在校外鬼混，在镇上喝得酩酊大醉。本不该有这种事情的。很多人被送回家，要求他们在家待一周，如果他们回来以后还是这样，就要被开除。只有佐薇有权开除学生。有人被开除时，大家会很难过，如果那个人是你的好朋友，就更难过了。我没有被送回家过，但受到过处罚，因为骚扰别人，在规定时间以外去镇上，偶尔喝酒，诸如此类，但没有严重的事情。有几个小孩子在商店偷窃时被抓了，不过后几年里，没有人犯过大错。只有新生聚在一起偷跑出学校时才容易出问题。"

最糟的时候是阿比盖尔的第二个学期，当时四频道的拍摄团队正在学校录像。"他们在学校待了半年左右，其中一半时间学校取消了所有规则[①]。""学校里喧闹嘈杂，无法无天。有几个美国学生不能适应这种环境，惹了一些麻烦。两个很有影响力的女孩发生了争吵，然后各自组织了小团体，互相敌对、打架。最后佐薇开除了其中一个女孩，好几个小团体中的学生离开了夏山，争端才平息下来。"

自从阿比盖尔毕业，学校的外观发生了很大的变化。"我刚来的时候，学校非常破旧，房子好像快要倒了，我们的床铺咯吱咯吱地响。现在，学校换了新松木床，建了新办公室、新教室，所有的房间都翻新过，整个学校焕然一新，餐厅像一艘宇宙飞船。"阿比盖尔不觉得这种变化是好事。"我觉得以前那样更好，因为你可以随便折腾，没什么大不了。现在，保持宿舍卫生的规定变得严格了。无需把房间收拾得那么干净整洁，正是夏山文化的组成部分，但是现在不能在墙上画画了。我知道那是不

[①] 在夏山历史上，每隔一段时间，就会有这样的一段经大会投票决定取消规则的时期，参见伊桑·埃姆斯的访谈。——原文注。

对的，但那就是小时候会干的事儿，慢慢长大自然就不画了。"

一开始，漫长的假期有点难熬。"在家里很无聊，无所事事，因为朋友们在世界各地，而以前的朋友已经不来往了，还不如不回家。有时夏山同学会来我家住，有时我会去同学家，或者我们一起出去玩。"

寄宿绝对是一个加分项。"大家住在一起，互相就非常了解。谁都会经历青春期的情绪变化，也难免有失落和生气的时候，我觉得夏山能够让人在经历这些困难时有所依靠。青春期的变化很大程度上要靠自己面对，但在夏山，周围总有可以求助的人。有时有人让我非常讨厌，有时我会和人吵架。和别人一起住的时候，可能会觉得他们有点烦。不过，我长大以后才开始重视隐私，而到我十五岁正需要个人空间时，我就有了单独的房间。"

当地的孩子和夏山学生之间时有摩擦。"夏山学生被外面的孩子打过好几次。我觉得他们可能嫉妒夏山学生。他们没完没了，说了很多难听的话。纪录片播出后，关系变得更加紧张了。有人威胁亨利：'我们要把你的脑袋砍下来[①]。'虽然方式有点恐

[①] 纪录片中有亨利·里德黑德砍下兔子脑袋的画面。但纪录片所没有介绍的隐情是，那几只兔子患了黏液瘤病，那是一种非常痛苦的致命疾病。亨利想帮它们解脱痛苦。——原文注。

怖，但我觉得亨利做得没错。我们到镇上的商店去的时候，他们会骂我们。他们从装扮上就能认出来我们是夏山学生，因为我们看起来和别人不一样。当地女孩很注意穿衣打扮，会穿高跟鞋、化妆，再加上我们中间有各种国籍的人，所以很容易就能认出来。"

阿比盖尔对里斯敦的孩子的处境感到同情。"他们的生活很无聊，所以就把精力发泄在毒品和骚扰夏山孩子上。他们一辈子都在小镇上度过。应该多为他们提供参加社团活动的机会。夏山学生的人生道路要比他们宽广。"

学习困难的孩子和有心理障碍的孩子能否融入夏山，一直是个问题。有的孩子能够融入，而另一些孩子有困难。"我刚到学校时，有几个孩子焦虑不安，看起来有点奇怪。他们大部分后来适应得不错，但有几个遇到了困难。夏山本来是很容易融入的，但对他们来说很难。我想，夏山可能比别的地方要好一些，不过还是有人会取笑他们。夏山也有一些特别叛逆的孩子，他们寻衅滋事，长年不守校规。不过到他们十六岁时，好像就变得合群了。我的一个朋友当年就叛逆了好几年，但现在挺好的。"

阿比盖尔觉得夏山最大的缺陷是运动设施太少。"爬树，在树林里乱跑，这些对小孩子来说足够了，但大孩子需要更多的运动设施。虽然我不怎么喜欢运动，但很多人喜欢，如果学校聘一个专业的体育老师，我相信会很有用。"

最后一学年时，阿比盖尔和夏山的一个舍管参加了在德文郡桑兹学校举行的民主学校国际会议。接待者对夏山的批评和敌意使她感到惊讶。"他们用批判的态度看待我们，说我们不够自由。教师和学生都是这种态度，不过批评主要来自教师。没有人为我们说话，我不知道该说什么。所有人都问我们诸如为什么男孩女孩要分开住之类的问题。为什么？为什么不能分开呢？我觉得，可能因为我们是自由学校的先行者，他们就把我们当成了竞争对象，希望比我们更好。我觉得夏山根本不在乎他们怎么看。"阿比盖尔不觉得那所学校有什么过人之处。"桑兹的孩子没有必修课，这和夏山是一样的，但此外并没有多少共同点。桑兹是走读学校，这和夏山完全不同。寄宿使学生更加融入校园生活。桑兹学校学生的权力比我们还大，他们可以解雇和聘用教师，我觉得这太离谱了。我认为夏山的界限是合适的，权力太大也会出问题。"

阿比盖尔强调了夏山的男女平等。"和社会风气不同，在夏山，男孩并不占据主导地位。只有少数夏山女孩会化妆，和镇上相比少多了。我是大学里唯一不化妆的女生。我不明白她们为什么要化妆，是想取悦男孩，还是为了自己舒服？我不化妆是因为觉得化妆没有意义。在夏山，我们没有任何攀比外貌的压力,打扮时髦或素面朝天都是自己的事,没人会因为你的穿着而改变对你的看法。"

直到最后一两年,阿比盖尔才发现自己的兴趣所在。"刚到夏山时,学校没有开设戏剧课,到我十五岁时才有。我们会进行即兴表演,并且在期末晚会上做演出。我们在国家剧院、伊普斯威奇和斯特拉特福德的剧院做过巡回演出。最后一学年,我演了《恐怖小店》,这是我演过的唯一一部事先写好剧本的戏。我们排练了整整一学期,练得都有点烦了,不过最后演出效果不错。"毕业时,阿比盖尔知道戏剧就是自己想从事的领域,她申请了几所戏剧学校,然后被布里斯托尔的一所学院录取为两年制戏剧课程的学生。

离校后

我之前对大学是什么样的没概念。课业比想象中的重,但我很喜欢。在夏山时,我学得不太用功,因为除了戏剧,我没有真正感兴趣的课。在大学,因为只需要学戏剧,这是我感兴趣的事,所以我更勤奋了。我不讨厌写作业,写得也还可以。一般学校里的孩子要上那么多门毕业会考课程让我感到不可思议,我上了五门,他们通常要上十到十二门。何必呢?很多内容以后根本用不上。

刚上大学时,我觉得文化冲击很大。这里和夏山完全不一样,我过了一段时间才适应。同学和夏山人的感觉不一样,我觉得很难交朋友。班里很多同学二十多岁了,我更喜欢和这些大一点的同学相处。年纪小的学生感觉有点——怎么说呢——太年轻。他们会干逃夜之类的事,对于夏山人来说,干那些事的年纪早就过了。不过,有一个跟我差不多大的女孩成了我的好朋友。

随着阅历逐渐丰富,我觉得对夏山可以看得更全面了。我在夏山度过了非常美好的时光,但我刚毕业时,对一些地方颇有不满。夏山给了学生人格充分发展的空间,但同时使人难以融入社会。我怨恨夏山使我与周遭格格不入,在那个年纪,我只希望和其他人保持一致。从中学到大学的转变本来就不是易事。我的周围不再是夏山人了,我感到有点孤立。学校位于布里斯托尔的一个治安很差的地区,这可能也产生了一定影响。交新朋友,和母亲住在一个全新的城市,一切都不轻松。

我不和人们谈论夏山,不是因为我以夏山为耻,而是我不希望显得与众不同。我喜欢我的大学课程。我取得了戏剧专业高等教育毕业证书。回过头看,我觉得这是一门非常好的课程,课程负责人非常优秀,而且思路清晰,目标明确。

阿比盖尔·泰勒

毕业后,我还是对演戏感兴趣,所以申请了几所戏剧学院的面试,但是没被录取。接着,我申请了半学术半专业的戏剧学位课程,然后被阿伯里斯特威斯的一所大学录取,开始上三年制本科。我喜欢这个课程,只是学术内容比重很大。我学得还不错,但是我看到了演员行业中我所不喜欢的一面——以貌取人、勾心斗角、巴结导演。演员这一行不好干,必须得有闯劲,有韧性,我不是这种人。

在戏剧学院时,我跟特殊教育部的孩子们一起排演过话剧。在后来的大学,我选修了戏剧教育课,这进一步激发了我对戏剧教育的兴趣。去中学实习的经历改变了我对自己的职业规划。戏剧是一种有效的治疗手段。通过戏剧,参与者可以发挥创造力,表达情感,这个过程非常有益。我不再梦想当演员了。我把戏剧教育定为我的学位论文选题,在阅读文献时,我发现戏剧治疗法很吸引我。虽然我不会马上就从事这个工作,但我把这个领域当成了我的长期方向。

阿伯里斯特威斯比布里斯托尔的人文环境好多了。这是一个非常小的地方,感觉很安全。在这儿,我开始感到与人相处起来融洽自然了。我过得很愉快。我不再沉浸在夏山的回忆中,而是专注于手头的事情——学习新的事物,体验新的生活,交新的朋友。我过着美好的校园生活。我跟几个朋友聊起过夏山,他们觉得很酷。戏剧专业的学生组成了一个班,大家总是在一起上课,所以我能顺利地融入其中。同学的背景差异很大,但都包容开放、思想独立。我喜欢这种感觉。

本科毕业时,我清楚地知道自己不想和其他人一样直接读研,我想获得与特殊教育的孩子接触的实际经验。阿伯里斯特威斯没有多少特殊教育的需求,所以我和夏山的密友一起搬到了布莱顿。我做了几份课外特殊教育的工作,孩子们的特殊需求各不相同,有精神上的,有身体上的,比如坐轮椅的。接着我开始从事情感和行为障碍方面的特殊教育。我也在蒙台梭利学校工作过一段时间,那所学校其实更像一家托儿所。另外,我也业余做了一些戏剧工作室的工作和艺术项目。

我觉得自己很容易和小孩子交流。我把他们看成平等的人,而不是需要我去教或者去约束的人。我可以以平等的心态和他们交流。非常小的孩子就知道正在发生什么,他们的理解能力很强。但很多人以居高临下的态度对待孩子。在夏山,人们从来不会像对成年人的附庸那样对孩子说话。另外,夏山也有特殊需要的孩子,那些经验对我现在的工作很有益。我不觉得有情感和行为障碍的儿童是需要我治疗的外星人。我可以像和正常人一样和他们交流,建立情感联结。他们不是我的案例研究对象,而是我的朋友。他们会对我做出积极的回应。不是我自

阿比盖尔·泰勒

吹自擂,我和他们相处得很好,我更像他们的朋友,而不是老师或者医护人员。有些从事这一工作的人,只有书本知识,而没有实际经验。当他们面对现实时,会大吃一惊。很多经验丰富的治疗师水平很高,不过他们大多独立执业,机构中的优秀治疗师不多。对很多人来说,孩子只是一个病例,他们对孩子平时的生活状态一无所知,我觉得这样不妥当。

目前我在一家机构工作。此前,我在国外工作了八个月,先是在印度尼西亚,然后在泰国。在印度尼西亚,我在几所学校教英语。去泰国后,我在一家孤儿院工作,教英语、美术和戏剧。在那些地方的生活给了我很多感悟,使我反思西方人的生活方式和我们的困扰。那时,我还染上了寄生虫病,身体脓肿,变得贫血体弱。回国后我不得不去医院治疗。等我攒够钱,我想再旅行几年,然后去读戏剧治疗的硕士学位。戏剧治疗的硕士学位才出现十年,还需要等一等,才能看到持证的戏剧治疗师有什么样的工作机会。我希望去医院、带孩子的家庭、特殊教育学校等各种机构工作。

在选择职业时,我曾经考虑过去夏山工作。"我积累了一些工作经验,但还没有确定职业归宿。"于是,我给佐薇打了个电话。她说:"期待你来这里工作。我们欢迎夏山校友回来工作,因为你们清楚夏山是怎样运作的。"当时有个舍管正要走,所以我准备接替他，我还可以组织戏剧工作室，或者其他孩子们感兴趣的戏剧活动。

  我正要去时，这个舍管又决定不走了。不过，我本来就有点犹豫。夏山的工作是一份很重的责任，而且，夏山太与世隔绝了，我很难在那里经营自己的生活。可能我以后还是会去，不过现在我更感兴趣的是赚钱去旅行。我认识一个回夏山工作了两三年的校友。我觉得对他来说，待得太久不是好主意。他基本上一开始就不想离开夏山，回去工作似乎是为了回到从前的生活。离开夏山期间，他并没有积累多少生活阅历。我将来仍然有回去的可能，但不是现在。

  布莱顿有不少夏山校友，我有时候会和他们聚会。有段时间，我和几个夏山人一起住。和他们相处起来确实更轻松，也有一种回到夏山的感觉。但是我和别人相处也不难。随着年龄增长，我更善于适应环境了。最近，我想买房子了，但是钱不够。英国的房价这么高，我这个岁数的年轻人不可能买得起房子。我不清楚戏剧治疗师的收入水平，我不是为了赚钱而从事这个职业的。去好莱坞给明星当治疗师说不定收入很高。但是美国文化不吸引我。我对发展中国家和有行为障碍的儿童更感兴趣。

  发展中国家的孩子和这里的孩子有着明显的不同。他们把教育视为找工作的手段。在夏山，教育是道德问题，是关于"什么是对的，什么是错的"的问题。母亲付学费的目的，甚至可以说是为了让我免受教育。那些没有钱上学、更上不起大学而只能在街上卖干果的孩子，如果听到我这么说，一定会问："你说什么？"但对生活在英国的孩子就不一样了。发展中国家的生活和这里有着天壤之别。等那些地方发展起来了，情况才可能有所改变。现在他们会因为你来自富裕国家而尊重你。他们觉得你一定知识丰富，因为你有钱，你受到过教育。那是你受尊重的原因。

我在发展中国家遇到的西方志愿者大多修养很好，他们想多体验生活，多看看世界是什么样的。他们富有同情心。但我并不觉得自己是以拯救世界为己任的慈善家，在那里工作，自己也有收获，这是我待在那里的重要原因。

总而言之，夏山生活对我现在的生活产生了积极的影响。通过戏剧，我可以不断地开发自己的创造力。我做过很多演出。以前我经常和朋友们穿着演出服在学校走来走去，扮演各种角色。夏山允许我们干这种事，这一点真是太好了。除了开发我的创造力，夏山也使我对孩子和他们的养育方式，对教育和儿童行为产生了兴趣。现在，我要把我所感兴趣的领域组合起来，把戏剧、治疗和儿童组合在一起。

有一个我小时候非常喜欢的故事,是约翰·伯宁罕写的。故事讲的是一个小男孩和他的妈妈种了一棵李树,这棵李树最终长成了参天巨树。后来,当我整理小时候的书时,我发现伯宁罕去了夏山。发现自己最喜欢的童书作者去过夏山,这种感觉非常奇妙。

以后我想要孩子,但现在还没准备好。我不会送他们去夏山,因为我觉得我已经从夏山和社会生活中得到了足够的经验,足以为他们在家里营造良好的成长环境。我自己去夏山是好事,因为我不喜欢原来的学校,而且缺少兄弟姐妹,夏山提供了我所需要的大家庭式的环境。但我觉得可以为自己的孩子提供这样的环境,要是周围有几个夏山校友,他们的孩子也在附近,就更好了。只有我的孩子不喜欢他们的学校,并且我也付得起学费时,我才会考虑送他们去夏山。

对我来说,夏山最好的一面是给我提供了做自己的事情的空间。我能够在情感和精神的世界里充分探索,而不是把时间精力用来做功课。因此,我的自我得到了发展,我更了解自己了,也学会了如何与人相处。这是生活中真正重要的东西,却很少有人能够得到这样的机会。

后记（2011）

后来我在罗汉普顿大学上了一门三年期业余制戏剧治疗课程，并获得硕士学位。目前我住在伦敦。不久前我在这里找到一份戏剧治疗工作，为泛自闭症障碍儿童和其他有学习、交流障碍的儿童提供治疗。我也在伦敦西区的难民中心组织了一个戏剧治疗小组，以帮助那里的成年人。我希望能和人合作，在乌干达首都坎帕拉建立一所创造性艺术治疗中心。目前我们正处于项目起步阶段，希望最终能办成一个慈善项目。

夏山大事年表

1883	尼尔出生于苏格兰金斯缪尔。
1897	尼尔离开学校,先后担任职员和布店售货员。
1898	尼尔受父亲之聘,在金斯缪尔的乡村学校当小学教师。
1903	尼尔未考取师范学校,以授权教师身份工作。
1906	尼尔通过在职教师证书的第一部分考试。担任法夫地区一所学校的助理校长。
1908	尼尔通过大学入学考试的第二部分。在爱丁堡大学读文学。
1912	尼尔获得硕士学位;从事记者工作。
1914	一战爆发后尼尔担任格雷特纳乡村学校的校长。
1915	尼尔出版畅销书《校长日记》。

1917	尼尔应征入伍,但没有被派往国外。认识了霍默·莱恩,拜访了他创办的"小联邦"。
1918	"小联邦"关闭。尼尔加入位于伦敦汉普斯特德的金阿尔弗莱德学校。
1921	国际学校于德累斯顿附近的赫勒劳达尔克罗兹中心成立,尼尔任校长。
1923	学校搬到奥地利圣塔格斯堡。
1924	学校搬到莱姆里吉斯的一座名为"夏山"的小山上。
1927	学校搬到萨福克郡里斯敦镇,定名为夏山。尼尔与莉莉安·诺伊斯塔特(莉丝夫人)结婚。
1940	学校撤到威尔士费斯蒂尼奥格。
1944	莉莉安·诺伊斯塔特去世。
1945	学校搬回里斯敦。尼尔与伊娜·伍德结婚。
1946	独生女佐薇出生。
1950	出于对共产主义的同情,尼尔拒绝前往美国。
1960	《夏山学校》在美国出版。
1961	来自美国的学生潮使学校走出了财务危机。
1973	尼尔去世。伊娜继续管理学校。
1985	伊娜退休,佐薇担任校长。

1999	教育标准办公室（OFSTED）检查后，学校收到整改通知。学校就此提起法庭上诉。
2000	教育部门撤销整改通知。用佐薇的话说："夏山比以往更安全了。"
2011	夏山庆祝建校 90 周年。

夏山术语

睡眠值日生

选举产生的值日生,负责确保大家遵守就寝时间规定。不同年龄段的学生有不同的就寝时间。

大山毛榉

夏山校园里的一棵大山毛榉树,树上拴着一个绳秋千。历代夏山学生把驾驭这个秋千当作成人仪式。绳子上有一个支撑点,借助这个支撑点可以较轻松地荡起来。较高处还装了一块木板,供挑战更高难度的学生使用。

火车厢

最初是两节废弃的火车厢,被尼尔购作大孩子的临时住处。后来被一排茅屋取代,但仍然称为火车厢。住在里面的大孩子被称为"车厢孩子"。

期末晚会

每学期结束时的联欢晚会,由期末筹委会组织。学期最后一周时,主楼大厅会提前关闭,筹委会秘密地装饰用作晚会的房间。

夏山之友信托基金

由夏山校友管理的一个慈善基金,定期出版杂志。创立于二十世纪八十年代,维持了约十年。

学校大会,简称大会

每周举行一次的议事会议。会议上,全体成员就有关公共生活的问题进行讨论。

留声机委员会

一个选举产生的委员会,负责组织舞会。最初,委员会的学生负责手摇留声机播放唱片。这个称呼保留了下来。

曲棍球场

紧挨主楼的一片空地,最初是学生练习曲棍球和打校际比赛的场地。现在保留了原名,但已经很多年没有用来打曲棍球了。

主楼

小孩子睡觉的地方,通常不超过五人一间。

舍管

不同年龄组的孩子有各自的舍管,负责照顾他们的饮食起居。他们不是教师。

巡视员

选举产生的学生或成年人,他们的职责是随时处理校园中的冲突。在大会上他们通常代表小孩子的利益。

个别谈话

尼尔以谈话治疗的方式开展的、学生自愿参加的一对一谈话。早期的一些夏山人说他们从中获益匪浅,另一些人说完全没有用。尼尔后期较少进行个别谈话了。

疗养院

最初是为生病学生休养而建,因为很少使用,改成了宿舍。

《夏山粥客》

二十世纪三四十年代的一份杂志或报纸。

特别法庭

在夏山历史上的某些阶段出现过几次,每周开庭一次,学生可就反社会行为向特别法庭提起上诉。任何人都可以出席,并对"惩罚"内容进行投票,惩罚形式包括罚款、劳动、取消活动参与资格和禁止离校等。

附录
访谈中提及的人物和地点

J.D. 贝尔纳（1901—1971）

迈克·贝尔纳的父亲，有"科学圣贤"之称。杰出的晶体学家、左翼思想家，著有《世界、众生和恶魔》（*The World, the Flesh and the Devil*）和《科学的社会功能》（*The Social Function of Science*）等书。

迈克尔·博尔顿

前夏山学生。二十世纪四十年代萨德勒斯威尔斯剧院芭蕾舞团的舞蹈家，曾与玛戈特·芳廷、莫伊拉·希勒和贝里尔·格雷等同台演出。

约翰·伯宁罕（1936— ）

前夏山学生。优秀的儿童文学作家和插画家，著有《想弹三弦琴的老鼠》（*Trubloff: the Mouse Who Wanted to Play the Balalaika*）和两本以"甘伯伯"为主人公的书，这个人物的设计受到了尼尔的启发。

艾弗·卡特勒（1923—2006）

前夏山教师（二十世纪五十年代）。著名的诗人、播音员、创作歌手、幽默作家。为约翰·披尔的电台节目录了大量配乐，在披头士乐队的奇幻之旅巡回演出中登台演唱。

埃米尔·贾克斯—达尔克罗兹（1865—1950）

形体音乐中心的创始人。1910年在赫勒劳创办达尔克罗兹形体音乐中心。1921年，尼尔在该中心创办国际学校。

莱恩·戴顿（1929— ）

作家，出版了众多惊险小说、厨艺教程和二战历史读物。其中三部惊险小说拍成了由迈克尔·凯恩主演的电影，最著名的一部是《伊普克雷斯档案》（*The Ipcress File*）。

形体音乐中心

通过形体动作教授音乐概念的体系，由达尔克罗兹发明。

露西·弗朗西斯（？—1969）

前夏山舍管、教师。在莱姆里吉斯时期加入夏山，1944年离开夏山创办金斯缪尔学校（以尼尔的出生地命名），专门接收心理失常的儿童。金斯缪尔学校于1970年关闭。

约翰·格雷厄姆—怀特（1913—2008）

前夏山教师（1936—1938）。著名的临床心理学家。在夏山的经历使他决定学习精神分析学。1958年,他成为北爱尔兰的首位临床心理学家。

莱斯利·格里姆斯(1898—1983)

罗伯特·马勒提到的漫画家。1927年,他成为《明星》杂志的政治漫画家,1932年开始创作《纯粹手绘》(*All My Own Work*)系列作品。

赫勒劳

国际学校所在地,位于德国德累斯顿的花园城市,建于二十世纪初。

约翰·霍特(1923—1985)

美国教师,教育领域的作家,尼尔的推崇者。其最著名的著作《孩子为何失败》和《孩子是如何学习的》曾经是师范学校的必读书目。

雷蒙德·杰克逊(1927—1997)

罗伯特·马勒提到的漫画家。1952年起供职于《伦敦标准晚报》。

莉丝夫人——莉莉安·诺伊斯塔特(1871—1944)

尼尔的第一任妻子,和尼尔共同创建了国际学校。在嫁给尼尔前,她曾嫁给奥托·诺伊斯塔特,一个德国物理学家,反庸医术士协会的主席。她的妹妹埃塞尔是著名的澳大利亚小说家，笔名为亨利·汉德尔·理查德森。

伊什贝尔·麦克沃特（1927— ）

前夏山学生，成功的艺术家。在1945年伦敦阿凯德画廊举办的夏山画展上初露锋芒。师从奥斯卡·柯克西卡，为杰梅恩·格瑞尔、梅尔文·布拉格和尼尔画过肖像。

克里希纳·梅农（1896—1974）

印度政治家、记者，尼赫鲁的朋友。1927至1947年居住在英国。与艾伦·莱恩共同创办企鹅图书出版公司（*Penguin Books*）。1957至1967年任印度国防部长。

莱斯利·莫顿（1903—1987）

前夏山教师，著名的左翼历史学家。著有《人民的英国史》（*A People's History of England*），1938。

丽贝卡·德莫尼（1959— ）

前夏山学生。好莱坞女演员。主演《摇篮惊魂》（*The Hand that Rocks the Cradle*）。

埃德温·缪尔（1887—1959）

来自奥克尼群岛的著名诗人。1921年和妻子维拉一起来到国际学校，和维拉一起翻译了卡夫卡的作品。他的诗集于1991年出版。

维拉·缪尔（1890—1970）

前夏山教师，1921年任教于国际学校。作家、翻译家，埃德温·缪尔的妻子。出版了小说《想象的角落》(*Imagined Corners*)、《里奇夫人》(*Mrs Ritchie*)等书。

拉尔夫·马勒（1933—2007）

前夏山学生，罗伯特·马勒的弟弟。著名的寄生虫学家，圣奥尔本国际寄生虫研究所的前所长，《蠕虫和人类疾病》(*Worms and Human Disease*)和《医学寄生虫学》(*Medical Parasitology*)的作者。

伊娜·尼尔（1910—1997）

尼尔的第二任妻子，尼尔去世后接任校长。

乌拉·奥特

前夏山舍管。二战期间来到威尔士时期的夏山，最初受聘为厨师。她开设的手工课持续了二十多年。是在夏山工作时间最长的教职员之一，广受学生爱戴。

佐薇·里德黑德·尼尔（1946— ）

尼尔和伊娜的女儿，夏山的现任校长。

伊夫林·威廉斯（1929— ）

前夏山学生。14岁离开夏山到圣马丁美术学校学习，成功的画家、雕塑家。现在以82岁高龄仍在参加艺术作品展。

彼得·伍德

伊娜和第一任丈夫的儿子，尼尔的继子。技艺精湛的陶艺师，师从伯纳德·里奇，后来在夏山教课。